ADOÇÃO

Blucher

ADOÇÃO
Desafios da contemporaneidade

Organizadoras

Gina Khafif Levinzon

Alicia Dorado de Lisondo

Adoção: desafios da contemporaneidade
© 2018 Gina Khafif Levinzon, Alicia Dorado de Lisondo (organizadoras)
Editora Edgard Blücher Ltda.

1ª reimpressão – 2019
Imagem da capa: *As três idades da mulher*, de Gustav Klimt

Blucher

Rua Pedroso Alvarenga, 1245, 4º andar
04531-934 – São Paulo – SP – Brasil
Tel.: 55 11 3078-5366
contato@blucher.com.br
www.blucher.com.br

Segundo o Novo Acordo Ortográfico, conforme
5. ed. do *Vocabulário Ortográfico da Língua
Portuguesa*, Academia Brasileira de Letras,
março de 2009.

É proibida a reprodução total ou parcial por
quaisquer meios sem autorização escrita da
editora.

Todos os direitos reservados pela Editora Edgard
Blücher Ltda.

Dados Internacionais de Catalogação
na Publicação (CIP)
Angélica Ilacqua CRB-8/7057

Adoção : desafios da contemporaneidade / orga-
nizado por Gina Khafif Levinzon, Alicia Dorado de
Lisondo. – São Paulo : Blucher, 2018.

256 p.

Bibliografia

ISBN 978-85-212-1274-4

1. Adoção 2. Adoção – Aspectos psicológicos 3.
Adoção – Aspectos sociais 4. Crianças adotadas 5.
Família 6. Pais adotivos 7. Pais e filhos I. Levinzon,
Gina Khafif. II. Lisondo, Alicia Dorado de.

18-0164 CDD 155.445

Índice para catálogo sistemático:
1. Adoção – Aspectos psicológicos

Prefácio

Este livro coroa um longo caminho de trabalho e de estudos relativos à adoção. É um tema apaixonante que mobiliza todos que estão envolvidos com o desenvolvimento de crianças que não puderam ser criadas por seus genitores. Desde o encontro da nova família até a adaptação da criança e de seus pais adotivos, muitas são as etapas a percorrer no trajeto que leva a uma relação parental saudável.

Assim como a criança ou o adolescente, os pais também necessitam de auxílio nas suas dúvidas e no complexo movimento emocional decorrente da relação íntima com seu filho. O adotado é um ser que já sofreu traumas de diferentes dimensões, e os pais, além de enfrentarem os mesmos desafios que pais que criam filhos com ligação genética, encontram questões específicas a serem elaboradas. Entre elas, estão as motivações para a adoção de uma criança, o desconhecimento de seus antecedentes e de sua história transgeracional, e também os mistérios diante da vida fetal. O olhar psíquico atento para as peculiaridades do mundo adotivo proporciona condições para o desenvolvimento de todos: pais, filhos e instituições. Participam desse processo psicólogos, técnicos do

6 PREFÁCIO

judiciário, juízes, assistentes sociais e um grande número de profissionais em equipes multidisciplinares.

Nós, Gina e Alicia, nos sentimos honradas e felizes por organizar este livro. Nossa trajetória em conjunto no estudo do mundo da adoção começou num bar, tomando café da manhã, no Rio de Janeiro, em 2005. Estávamos lá para o congresso da International Psychoanalytical Association (IPA) e surgiu a ideia de começar um grupo de estudos sobre adoção na Sociedade Brasileira de Psicanálise de São Paulo (SBPSP), a qual somos filiadas. As supervisões de Anne Alvarez sobre a clínica com *infans*, crianças e adolescentes de um abrigo em Campinas, foram uma inspiração e o primeiro tema discutido no grupo. Posteriormente, ampliamos nosso campo de estudos incluindo discussões sobre a parentalidade e suas características particulares e essenciais. O grupo passou a se chamar Grupo de Estudos sobre Adoção e Parentalidade e dele tem participado uma série de colegas que vem abrilhantar nossas discussões e estudos constantes.

Mais do que respostas, procuramos abrir espaço para perguntas e para a pesquisa dos temas primordiais no campo da adoção. Sabemos o quanto é importante estar aberto para o novo e o impensado, e os desafios são estímulos para mais trabalho.

Sentimos orgulho de lançar este livro concomitantemente ao II Encontro de Adoção na SBPSP em 2018, que organizamos. Acreditamos que é essencial abrir espaço para intercâmbio de ideias com outros profissionais da área e com pessoas interessadas no tema da adoção. Agradecemos à Sociedade Brasileira de Psicanálise de São Paulo, que nos apoia e estimula a realizar esse trabalho, ciente de sua responsabilidade social e das contribuições que a psicanálise pode dar à comunidade de modo geral.

São abarcados ângulos diversos e extremamente atuais da adoção. Alguns dos temas tratados são: a adoção internacional, a clínica psicanalítica da criança adotiva e de sua família, o trabalho com os pais adotivos, a verdade e a revelação da origem ao filho, os desafios do processo de adoção, a entrega da criança pela mãe genitora, as diversas fases de sua colocação em uma família, o acompanhamento da criança abrigada, a devolução da criança para o abrigo, a utilização de filmes como meio de discussão para a preparação de pais adotivos. Convidamos para esse fim autores que possuem vasta experiência no assunto, e agradecemos muito sua contribuição. A seguir faremos uma breve apresentação dos capítulos do livro.

Marie Rose Moro e colaboradores expõem questões importantes sobre a adoção internacional. Esses autores franceses examinam os diferentes níveis de análise possível quanto ao que consideram o objeto principal de preocupação num processo de adoção: a alteridade da criança. Isso abarca um campo de projeções diversas ligadas às representações mais profundas e íntimas dos pais e ao contexto social mais amplo, passando pelos níveis intersubjetivo e familiar. Moro considera que crianças adotadas que nasceram e cresceram durante um certo tempo em outro lugar e em outra cultura, cujas primeiras sensações, satisfações, frustrações e interações foram feitas num além geográfico, familiar e/ou grupal, cultural, apresentam marcas significativas na sua história de vida. Há uma fonte de fantasias e de projeções na criança, nos outros e em seus próprios pais adotivos. É relatado um tipo de procedimento clínico de consultas terapêuticas transculturais com um enquadre clínico que considera as interações familiares, as transmissões transgeracionais e as inscrições psíquicas de cada indivíduo envolvido nesse processo.

A psicanalista francesa Ombline Ozoux-Teffaine, com vasta experiência em obras escritas relativas à área da adoção tardia, nos brinda neste livro com um artigo sobre o atendimento clínico de uma paciente adulta adotada. A autora mostra as diversas

8 PREFÁCIO

construções imaginárias que a paciente fazia em relação aos pais de origem e sua influência nos relacionamentos que mantinha com as pessoas à sua volta e na transferência com a analista. Os romances familiares que vão sendo criados adquirem a forma de uma memória que não é estável e nem definitiva. Eles representam uma forma de lidar com uma separação precoce ou mais tardia que deixou traços silenciosos de um trauma.

Gina Khafif Levinzon examina uma configuração afetiva encontrada frequentemente em filhos adotivos, na qual predomina uma necessidade extrema de procurar corresponder ao que imaginam que os outros esperam deles. Como resultado, se estabelece um quadro de superficialidade e vazio na personalidade. A criança vive, em fantasia, um dilema: ser "um bom adotado", ou correr o risco de ser abandonada novamente. Essas questões são discutidas a partir do caso clínico de uma menina adotiva que inicialmente se apresentava como uma pessoa "oca", com um bloqueio considerável de sua parte mais instintiva. Ao longo do processo analítico, foram ocorrendo mudanças clínicas significativas, que incluíam também um acesso maior à sua curiosidade e capacidade de investigação sobre a adoção.

Alicia Dorado de Lisondo ressalta a importância da escuta sensível e afinada dos pais adotivos. O adotado não pode ser pensado sem que se considere o contexto familiar em que está inserido. Sem saber, os pais podem não ter elaborado o próprio sofrimento decorrente da repetição dos traumas sofridos por eles mesmos. A autora levanta questões essenciais sobre como trabalhar com esses pais, o que lhes dizer, de que forma, o que silenciar, até quando esperar. O caso clínico de um casal de pais e de seu filho adotado de 22 anos ilustra esses questionamentos. No pedido de ajuda à psicanalista, havia a esperança de um encontro transformador. Foi possível auxiliar os pais a perceber suas exigências e idealizações sobre o filho, o que impulsionou o processo analítico e lhes permitiu uma nova compreensão sobre esse processo.

A memória traumática da história familiar, uma memória sem palavras, mas transmissível, é discutida por Eva Barbara Rotenberg. A autora ressalta a importância de se levar em conta o desejo inconsciente que mobiliza a adoção. É importante que os pais possam ver o filho como um outro, como um sujeito e, ao mesmo tempo, que desenvolvam uma capacidade de aproximação afetiva e captação de suas necessidades. Eva apresenta um caso clínico atendido segundo o método desenvolvido pelo psicanalista García Badaracco, com *setting* ampliado. A paciente era uma senhora de 55 anos que podia ter filhos biológicos, mas preferiu adotar porque odiava tanto seus pais que tinha pavor de transmitir isso a um filho biológico e imaginava que o ódio seria transmitido por meio dos genes, mas, na verdade, repetia a situação de ódio com o filho adotado. A transmissão psíquica sem representação-palavra e sem recordação era um elemento essencial nesse caso, e o trabalho clínico apresentou bons resultados.

Cynthia Ladvocat traça um panorama dos principais pontos que podem apresentar falhas na adoção no casal parental. A motivação dos pais adotivos pode representar um fator importante de turbulência caso angústias básicas não tenham sido elaboradas, como as relativas à infertilidade. O desejo genuíno de ser pai ou mãe entra em jogo como fator preponderante para uma adoção saudável. Da mesma forma, os pais podem temer revelar ao filho informações sobre sua origem biológica, privando-o, assim, de referências importantes na construção de sua identidade. Os casos de devolução de crianças resultam de falhas na vinculação adotiva e trazem grande sofrimento em todas as partes envolvidas. O atendimento psicanalítico aos pais adotivos permite a prevenção e o tratamento das dificuldades encontradas.

A mudança de perfil da criança desejada para adoção por parte dos futuros pais é discutida por Maria da Penha Oliveira Silva. Em função do tempo de espera por uma criança, os pretendentes são levados a mudar suas expectativas quanto às características da criança, como idade, raça e grupos de irmãos, o que resulta por vezes em dificuldades importantes de adaptação da nova família. A autora ressalta que não se deve induzir nenhum pretendente a alterar o perfil solicitado como solução para diminuir o número de crianças abrigadas. Maria da Penha enfatiza que adoção não é uma política pública, mas um processo afetivo complexo de parentalidade. O papel do Estado deve ser preventivo, com investimento em saúde, educação e ajuda às famílias. A função dos especialistas que trabalham com adoção, quando se trata de mudança de perfil, é abrir espaço para reflexão dessa mudança, de modo a evitar a turbulência que pode decorrer de uma escolha sem base sólida.

Edilene Freire de Queiroz reflete sobre o que quer uma mulher quando adota, baseando-seo em pesquisas realizadas e num diálogo permanente com os setores de adoção do Tribunal de Justiça do Estado de Pernambuco (TJPE). Conclui que a clínica da adoção tem um papel essencial na formação do laço de filiação e contribui para a definição de uma política de assistência às crianças e à normalização dos procedimentos de adoção.

Cynthia Lopes Peiter Carballido Mendes e Maria Luiza de Assis Moura Ghirardi criam um modelo de trabalho original ao proporcionar a experiência de assistir a filmes com temas de adoção e discuti-los utilizando sua longa experiência teórico-clínica nesse campo. Os filmes escolhidos oferecem ao público interessado em adoção a possibilidade de se identificar com os personagens representados na obra exibida. Um debate/discussão *entre* os participantes do público e as coordenadoras propicia o diálogo intrapsíquico em cada participante. Esse *setting* oferece um espaço transicional *entre* consciente e inconsciente, interno e externo, história ficcional e realidade fatual. As questões evocadas nos filmes sobre histórias traumáticas, com múltiplas rupturas e descontinuidades, incógnitas, dúvidas, mistérios sobre a origem do bebê e as motivações da adoção aparecem no trabalho grupal, espaço potencial para o pensamento e a elaboração das angústias suscitadas.

Psicóloga do Poder Judiciário, Cristina Rodrigues Rosa Bento Augusto questiona o imaginário social a respeito da ideia de que a maternidade é algo inato na mulher, como o mito do instinto materno e do amor espontâneo de toda mãe pelo filho. Sua experiência profissional possibilita o contato com mulheres que, por motivos variados, não desejaram se tornar mães dos filhos que geraram, não os amam incondicionalmente e os entregaram à adoção. O desafio é discernir, após avaliação criteriosa e escuta psíquica, quando há possibilidades de que a criança permaneça na família de origem e quando é preciso compreender, sem preconceitos morais e juízos de valor, a decisão da mulher de entregar o filho gerado, sendo importante aceitar esse desejo e essa decisão. Cristina apresenta a história comovente de Maria, mãe biológica de Ana, adotada por um casal que respeita seu nome de origem e acrescenta o nome por eles sonhado: Beatriz. Ana Beatriz condensa assim ambas histórias dessa menina: a de sua origem biológica e a da adoção, tornando possível, por meio da preservação de seu nome, um sentimento de continuidade de sua vida.

Ana Carolina Godinho Ariolli relata o cerne do trabalho do psicólogo numa Vara de Infância e Juventude (VIJ), ante os casos de suspeita de negligência, abandono ou maus tratos a crianças e adolescentes: violência física, psicológica e sexual. Por meio de uma vinheta do trabalho com a adolescente Renata e sua mãe, a autora nos comove ao relatar seus próprios estados emocionais no atendimento da mãe, da adolescente ou de ambas. Ela se dá conta

12 PREFÁCIO

de que vivia na própria carne as identificações projetivas dos protagonistas do drama. Sua turbulência emocional é transformada numa ferramenta preciosa a serviço do trabalho. Percebe-se que essa mãe era também um ser que padecia de uma orfandade psíquica e social e clamava por atenção. Ressalta que o psicólogo da VIJ pode oferecer uma escuta psíquica sem preconceitos e/ou condenações, uma atitude empática e continente para promover as mudanças possíveis e os encaminhamentos oportunos.

André é acompanhado magistralmente por Saulo Araújo Cunha desde os 5 anos, numa experiência de apadrinhamento afetivo que dura dezesseis anos e continua até o momento. Saulo fundamenta tanto a função do apadrinhamento quanto a compreensão da personalidade desse jovem, abrigado a partir dos 4 meses, que demonstrava um grande temor de destruir ou afastar o objeto em função de sua agressividade e força instintiva. Na relação de apadrinhamento, o jovem sabe que o padrinho não tem obrigação legal para estar com ele e que é uma ação voluntária, o que introduz variáveis importantes no relacionamento. Saulo ressalta que não pode dar a André tudo o que ele precisa, mas o apadrinhamento proporciona a ele cuidado individualizado e com continuidade. O final do abrigamento, com a chegada da maioridade, representa uma etapa em que relações como estas são extremamente valiosas por oferecerem ao jovem apoio emocional e, muitas vezes, material.

O objetivo das autoras Isabel Cristina Gomes, Rita Tropa Alves dos Santos Marques e Yara Ishara é refletir sobre a complexidade inerente ao estabelecimento dos vínculos de filiação adotiva, tendo a idealização como fenômeno a ser investigado, principalmente nos casos de devolução de crianças. O processo de constituição dos vínculos parentais e filiais na adoção é complexo, podendo ser marcado por encontros e desencontros. Entre os múltiplos fatores que podem provocar a devolução da criança e/o adolescente ao abrigo, as autoras destacam a idealização e o apaixonamento dos pais adotantes e a consequente dissociação dos medos e emoções consideradas negativas. Ressaltam também a importância do trabalho psíquico com os pais adotantes e com as crianças/adolescentes abrigados para que a adoção seja o encontro possível, numa relação de alteridade, uma construção vincular real, incluindo todas as dificuldades para sua consolidação. As autoras ilustram este capítulo com vinhetas da psicoterapia de Maria, menina de 3 anos, que sofreu duas devoluções ao abrigo, potencializando o trauma de rejeição.

Inspirada em Winnicott, Ivonise Fernandes da Motta e coautores apresenta considerações sobre o ódio e a violência humana. Eles mostram que o ódio vai ao encontro de uma necessidade e esse encontro abre a possibilidade de resgate ou reencontro com a capacidade de amar e com as boas experiências, vivenciadas no início da vida. A capacidade de odiar revela uma boa integração. O ambiente é fator fundamental: tanto da saúde quanto do adoecimento. A desconfiança é uma consequência do sofrimento ante a rejeição e/ou uma fratura ética, a cultura pode oferecer um *holding* – o *rap*, para os adolescentes que vivem na marginalidade, seria um exemplo. Os autores ilustram com uma vinheta clínica a ideia de que o vínculo sanguíneo não é garantia para que a adoção afetiva aconteça.

A esperança revitalizada no poder da psicanálise é fonte de inspiração deste livro. A reflexão sobre a nossa experiência com o mundo da adoção nos autoriza a dizer que o *infans*, a criança e o adolescente têm o direito de se beneficiar do olhar psicanalítico para que sua vida presente e futura não seja a condenação da repetição de uma tragédia vivida na história transgeracional.

Esperamos que o leitor possa compartilhar conosco o interesse e aprofundamento das questões e experiências relatadas neste livro. Desejamos a todos uma boa leitura!

Gina Khafif Levinzon e Alicia Dorado de Lisondo

Conteúdo

1. Leituras múltiplas e miscigenadas em consultas de adoção internacional   19

   Sara Skandrani | Aurélie Harf | Mayssa El Husseini

   Salomé Grandclerc | Sophie Maley | Catherine Le Du

   Thames Borges | Marie Rose Moro

2. Memórias de adoção   39

   Ombline Ozoux-Teffaine

3. Adoção e falso *self*: o dilema do "bom adotado"   49

   Gina Khafif Levinzon

4. O trabalho psicanalítico com os pais na adoção: luzes e sombras   71

   Alicia Dorado de Lisondo

16 CONTEÚDO

5. A transmissão inconsciente da mãe adotante ao filho
   adotivo 87
   Eva Barbara Rotenberg

6. As falhas da adoção no casal parental 99
   Cynthia Ladvocat

7. Adoção: tempo de espera e mudança de perfil dos
   habilitados 117
   Maria da Penha Oliveira Silva

8. "O que quer uma mulher quando adota?" – A clínica da
   adoção 137
   Edilene Freire de Queiroz

9. Cinema e adoção: promovendo reflexões sobre o projeto
   de adotar 155
   Cynthia Lopes Peiter Carballido Mendes
   Maria Luiza de Assis Moura Ghirardi

10. A adoção e a continuidade do ser 169
    Cristina Rodrigues Rosa Bento Augusto

11. A capacidade de escuta do psicólogo judiciário como
    ferramenta de auxílio no desabrochar dos cuidados
    maternos: pensando sobre *holding*, *revêrie* e
    contratransferência 181
    Ana Carolina Godinho Ariolli

12. Crianças e adolescentes acolhidos: a necessidade de
    alguém que permaneça e seja confiável 203
    Saulo Araújo Cunha

ADOÇÃO   17

13. Encontros e desencontros na adoção: o paradoxo da
ilusão   221
Isabel Cristina Gomes
Rita Tropa Alves dos Santos Marques
Yara Ishara

14. Toda criança necessita ser adotada   235
Ivonise Fernandes da Motta

Sobre os autores   249

1. Leituras múltiplas e miscigenadas em consultas de adoção internacional

Sara Skandrani | Aurélie Harf | Mayssa El Husseini
Salomé Grandclerc | Sophie Maley | Catherine Le Du
Thames Borges | Marie Rose Moro

Nas consultas terapêuticas transculturais de adoção internacional, atendemos famílias "adotivas" que levantam perguntas sobre parentalidade, filiação e outras questões inerentes à "alteridade" da criança adotada. Essas dúvidas e interrogações encontram-se presentes em todas as famílias consultadas que passaram por um procedimento de adoção internacional. Entretanto, esses questionamentos entram em ressonância com a realidade do contexto da adoção, no qual a criança nasceu não apenas de outros pais, mas num outro país, ou seja, é "um estrangeiro vindo do estrangeiro". A sua "alteridade" faz-se extremamente visível e presente (Harf et al., 2013).

Um enquadre teórico e técnico miscigenado

Os pais adotantes abordam essa alteridade sob diversos aspectos: questionam os vínculos existentes entre eventuais sintomas e as origens biológicas e culturais da criança. Geralmente, demonstram preocupações relativas ao discurso a ser utilizado para a

20   LEITURAS MÚLTIPLAS E MISCIGENADAS...

"transmissão da história pré-adotiva", muitas vezes, traumática. Questionam-nos sobre o que dizer a uma criança que já viveu experiências de rejeição e discriminação relacionadas a sua origem, estampadas, por exemplo, em sua cor de pele. Nesse contexto, a compreensão e a interpretação da alteridade torna-se um ponto importante durante o processo terapêutico nas consultas transculturais de adoção internacional.

Na tentativa de responder tais questões, nossas consultas de adoção internacional inscrevem-se em três áreas teórico-clínicas: psicanalítica, familiar e transcultural. A criança ou o adolescente é recebido com sua família, isto é, com seus pais e eventualmente com seus irmãos, numa sessão de uma hora, uma vez ao mês. Eles são acolhidos por um pequeno grupo de terapeutas pluridisciplinares, composto de psicólogo, psiquiatra infantil e enfermeiro. Nesse enquadre, as crianças podem compartilhar o relato de seus pais. Costumamos disponibilizar, além dos assentos comuns, um pequeno conjunto de mesa e cadeira, onde podem desenhar ou brincar, acompanhadas por um dos terapeutas. Frequentemente, elas circulam entre os espaços, evidenciando os laços afetivos, as ressonâncias com as preocupações psíquicas dos pais e, por vezes, materializando fantasmas até então ocultos. Na sequência dos encontros, exploramos sistematicamente o próprio relato sobre a adoção. Consideramos que esse falar sobre as origens tem um lugar fundador na construção da filiação e da história familiar (Harf, Taïeb, & Moro, 2007). Os relatos dos pais partem de diferentes momentos de suas histórias: alguns, do momento da renúncia às crianças biológicas, com o fracasso da fecundação *in vitro*; outros, da obtenção de aprovação como possíveis adotantes ou, ainda, do primeiro encontro com a criança. Por meio das primeiras linhas da história familiar comum, já se expressa a maneira como sonharam e imaginaram sua criança. Tentamos resgatar como se deu o encontro com a vida pré-adoção, abordamos sobre a escolha do país de origem da criança, as viagens ao local, as eventuais visitas a orfanatos ou encontros com os pais biológicos, os documentos e relatos que lhes foram transmitidos ou que lhes faltam. Essa exploração permite ter um primeiro acesso a possíveis representações sobre as origens – biológicas e culturais – da criança, os fantasmas concernindo os pais biológicos, a transmissão genética, o abandono etc. Frequentemente, faz-se um primeiro espaço de projeção das preocupações emocionais relacionadas à parentalidade, à história transgeneracional, à negociação da dívida psíquica ligada à infertilidade, às dificuldades encontradas no relacionamento entre pais e filhos, como na fase de emergência da sexualidade adolescente, para citarmos alguns exemplos.

Lembramos que nesse dispositivo de consulta, há sempre um coterapeuta disponível para acompanhar e sustentar a criança em seus jogos espontâneos ou em seus desenhos. Essa configuração permite que ela esteja numa posição liminar, entre a relação privilegiada com o coterapeuta e o espaço de trocas com os pais e o resto do grupo, implicando-se a seu próprio ritmo e maneira. Ao final de cada sessão, jogos e desenhos são postos em relação com os discursos dos pais e com as elaborações grupais, permitindo a identificação de correspondências, ressonâncias, ecos entre preocupações psíquicas dos pais e aquilo que é posto em cena ou figurado pela criança. Ao evidenciar tais representações, facilita-se a desobstrução dos conflitos emocionais. A partir do comportamento dos filhos, torna-se mais significativa a materialização dos fantasmas e dos conflitos psíquicos dos pais (Cramer & Palacio Espasa, 1993).

Esses atendimentos ancoram-se no modelo de consultas transculturais desenvolvidas por Marie Rose Moro (1988), com um acento sobre a noção de grupo, de alteridade, de coconstrução de sentido no seio do sistema família-terapeuta e de difração da transferência. Salientando que o complementarismo, isto é, a utilização sistemática, mas não simultânea, de várias disciplinas, e de maneira exemplar da psicanálise e da antropologia, como o definiu Devereux (1972), constitui a base de nosso trabalho.

Por meio dessa afiliação teórica transcultural, as noções de alteridade, pertencimento e mestiçagem podem ser abordadas e elaboradas, sem representar uma ameaça para o laço filial adotivo. A abordagem das representações do país de nascimento da criança e de sua cultura permite trabalhar com a noção de alteridade, mas representa também, fantasmagoricamente, um suporte de projeção do anseio pelo conhecimento da origem (familiar, biológica) da criança (Golse, 2012).

Assim, durante as sessões, coexistem permanentemente vários níveis de leitura e de análise do relato das famílias e das dificuldades que os levaram às consultas, no que concerne tanto à história pré-adotiva das crianças, quanto à dos pais e de toda a família transgeneracional. Mais além do intrapsíquico e do intersubjetivo, trata-se, igualmente, de pensar nas questões sociais e culturais nas quais se inscrevem as práticas da adoção, evidentemente considerando as relações assimétricas entre o país de origem e o país de adoção, as representações coletivas de certas origens nacionais e culturais, as questões de racismo e de discriminação. Esses diferentes níveis de leitura, do íntimo ao coletivo, nos forçam a complexificar nosso olhar sobre essas situações clínicas e a explorar os múltiplos laços (projeções, deslocamentos, condensações etc.) que os unem.

Ilustraremos, a seguir, nossa proposta por meio de uma situação clínica.

As múltiplas vidas de Ettan

Recebemos, para uma primeira consulta, Ettan – 3 anos de idade – e seus pais. A criança chegou à França há seis meses e a mãe nos explica que busca conosco um espaço de conversa "para se assegurar que tudo está indo bem". Ela acha que Ettan tem se adaptado bem a sua nova família e à vida na França. Após ter passado algumas semanas com a mãe adotiva, que então retomou o trabalho, a criança entrou na creche "onde tudo se passa bem". O pai, até o momento calado, concorda com isso.

Relato da adoção

A mãe inicia a história a partir de sua escolha pelo oeste da África para buscar a adoção, o que ocorreu em função de seu interesse pela cultura dessa região. Há vários anos, ela tocava num grupo de percussões africanas. Conta que empreendeu diligências de adoção sozinha após o fracasso de uma fecundação *in vitro* e de uma ruptura amorosa.

No mesmo dia em que depositou o dossiê de adoção no país de origem da criança, encontrou um homem que conhecia há muitos anos, pois tocaram juntos em um grupo de música. E, como que magicamente, segundo ela, vieram a se apaixonar. Iniciou, então, um relacionamento com este homem, que já tinha um filho de um casamento anterior, Ulisses, que estava, então, com 10 anos.

Quando Ettan foi designado a essa senhora, alguns meses mais tarde, ela já havia feito um total de catorze viagens à África para encontrá-lo. Inicialmente sozinha, e depois acompanhada pelo parceiro, viajava a fim de passar tempo com o menino antes de poder finalmente trazê-lo à França.

O primeiro encontro com o filho é contado com muita emoção. Ettan, com então quatro meses, foi abandonado um mês antes perto de um centro de saúde e, desde então, ficou no orfanato. Era descrito como um bebê muito triste. A mãe conta: "quando encontrei ele, não me olhava de jeito nenhum. E isso acontece ainda hoje! Era na região do Boko Haram... Eu não peguei ele no colo nesse momento". Apesar de não ter nenhum elemento sobre a história pregressa de Ettan, a mãe imagina que ele tenha sido amado e cuidado durante seus três primeiros meses de vida.

Como ocorre habitualmente, ao deixar o orfanato, o menino ficou um período com uma cuidadora, Ernestine, que tinha como função acolher essas crianças em processo de adoção.

Durante dois anos, a mãe – em processo de adoção – fez idas e vindas entre a França e essa região da África, passando o maior tempo possível com Ettan, na família de Ernestine, com quem ela estabeleceu laços fortes e mantém contato até hoje.

A mãe da adotante se mostrou ausente tanto fisicamente como nos discursos durante as sessões. Ernestine parece ter feito um papel de irmã mais velha a mãe adotante, oferecendo sustentação em seu acesso à maternidade e na construção do vínculo com Ettan. Por meio desse deslocamento, ela teve a cuidadora como figura de identificação, liberada da ambivalência e das partes conflitivas de sua relação com sua própria mãe. Por outro lado, ela reserva um lugar particular à acolhida que a família da Ernestine tem lhe proporcionado. É uma família grande, vivendo toda junta "numa casa ao redor de um pátio central". Isso parece tê-la acalmado e sustentado o surgimento de seu lugar de mãe, no sentido de ter uma comadre (ser mãe com). Essa busca de sustentação e contenção aparece igualmente em seu investimento transferencial relativo ao espaço terapêutico. Os co-terapeutas parecem representar psiquicamente as comadres, capazes de autorizá-la, tal qual o fez

Ernestine, a exercer o papel materno. Uma das intervenções de Ettan numa sessão pode ser compreendida nesse sentido: brincando sobre o significante mãe, ele designa uma das terapeutas como mãe de sua mãe, o que é endossado também pelo pai.

O companheiro acompanha a mãe adotante em vários momentos à África e sua participação nessa aventura, como ele chama, vai se definindo aos poucos. Ele se questiona num primeiro momento sobre "um problema de compatibilidade. A criança vai me aceitar? E eu, vou aceitá-la? Vai gostar de mim? Vou gostar dela?", expressando a rapidez, a urgência de um processo de desenlace incerto. Como, então, sonhar a criança? O contexto específico carrega uma escolha a ser feita. Ocupar ou não o lugar de pai? E, inversamente, há também a escolha de Ettan. Esse senhor será adotado por ele? A configuração particular da construção do vínculo de filiação entra em ressonância com as dificuldades do senhor de se posicionar como pai. Na África o senhor promove atividades esportivas com Ettan e também com as crianças de Ernestine. A partir das atividades compartilhadas, cria uma vínculo franco-africana.

Depois de dois anos, a senhora e o senhor, acompanhados por Ulisses, podem buscar Ettan e trazê-lo à França. Desde então, vivem todos juntos. Ulisses alternando entre este domicílio e o da mãe. O procedimento legal de adoção plenária ainda está em curso, procedimento do qual o senhor não faz parte: "teríamos que casar", comenta. Isso destaca a ambivalência de sua implicação no casal e a dificuldade de se posicionar com respeito à díade mãe-criança. A ausência de inscrição jurídica de Ettan na sua filiação levanta a questão que representará o fio condutor das consultas posteriores. O senhor se considera o pai de Ettan no plano afetivo, inscrevendo-o na sua filiação imaginária. Ele expressará a progressiva apropriação psíquica da criança no curso de suas viagens ao país de origem, nos seguintes termos: "não tinha vontade de partir, de deixá-lo. Sentia me ligado ao projeto". Mas nessa situação de adoção, na qual os três eixos da filiação – biológica, imaginária, jurídica, como foram definidos por Guyotat (1980) – não estão integrados, a ausência de reconhecimento legal da filiação imaginária fragiliza o processo. Além disso, não é possível se ancorar na segurança narcísica do eixo biológico. Nesse contexto, como o caráter fundamental e irrevogável da filiação pode prevalecer?

Alteridade da criança e sentimentos de estranheza da mãe

A família vem nos consultar sobre os conselhos do pediatra, "sem inquietudes particulares", nos relata a mãe. No final da primeira consulta, a mãe aborda um assunto relacionado à circuncisão de seu filho, que foi aconselhada pela Ernestine e pelo amigo Samuel, originário do mesmo país de Ettan e que acompanhou a família no processo de adoção. A mãe, mesmo estando surpresa e perplexa, não se opõem ao pedido de circuncisão. O companheiro também a deixa decidir sozinha como no momento da escolha do nome da criança.

A importância do procedimento é ressaltada à mãe pelas pessoas "africanas" que fazem parte da cultura de Ettan, como Ernestine e Samuel. Pedem-lhe para fazerem a circuncisão, inscrevendo a criança por meio desse ritual, que marca no corpo dela a pertença ao seu país de origem, bem como aos seus antepassados e ao além. Esse tipo de alteridade faz uma intrusão num momento particularmente vulnerável e íntimo na construção do vínculo mãe-filho, a inscrição da criança na filiação adotiva. Questiona o fato sobre a quem pertence a criança: à mãe, ao seu país de origem e à sua cultura de origem ou aos dois?

Inicialmente, a apropriação simbólica e imaginária da criança pelos pais adotivos passa por questões relacionadas aos vínculos entre as culturas e os países de origens da criança e dos pais, que tentam se colocar no lugar de origem do filho adotado. Os vínculos presentes entre a família e a cultura do país de origem de Ettan já existiam antes da sua chegada no âmbito familiar por meio do interesse da "mãe adotiva" pela "África", motivo que precedeu a sua escolha de adotar nessa região. Os vínculos foram reforçados pelas relações mantidas com Ernestine e sua família. Os pais adotivos e também Ettan foram incluídos no contexto de vida familiar e cultural da família de Ernestine. O discurso dos pais demonstra uma preocupação quanto à dívida moral contraída em relação ao país de origem da criança, bem como aqueles que substituíram os pais biológicos, no caso a família de Ernestine.

A questão da alteridade emergirá de modo ameaçador nas consultas posteriores. A mãe relata que Ettan mordeu um colega na creche após ter sido "rejeitado" por um grupo de crianças. Ela associa o acontecimento ao fato de ele ser negro, exprimindo a preocupação de que essa rejeição, relativa à cor da pele, possa se repetir futuramente. Salienta também a diferença racial do menino em relação à própria família, que é branca. E segue expondo uma vivência ameaçadora:

> *eu vi ele se juntar a outras crianças negras. Minhas preocupações são enormes. Ele é originário do norte do país, zona muçulmana, região de Boko Haram. Tenho medo que, no futuro, ele possa ter uma crise de identidade retornando às origens religiosas.*

Percebemos que se tratam de sentimentos ambíguos. A mãe, assim como teme que Ettan possa ser rejeitado pela cor de pele negra, experimentando o racismo, se preocupa, também, com sua própria rejeição em relação ao menino.

A sensação extrema de mal-estar que a mãe demonstra revela, ainda, um outro lado da questão: o sentimento de ela mesma poder ser rejeitada pelo filho. A estranheza frente à alteridade de Ettan, em relação a sua cor negra, ao seu nascimento como muçulmano e aos seus primeiros meses de vida na região de Boko Haram, acompanhada de seus respectivos fantasmas, fragilizava o laço afetivo em construção.

O discurso materno explícito, no entanto, relaciona tais angústias ao "retorno às fontes religiosas" e à dificuldade em obter "a certidão de nascimento" de Ettan, documento necessário ao pronunciamento de adoção plena.

Essa hipótese pode representar um primeiro nível de análise inscrito, principalmente, no contexto atual de terrorismo internacional, mas também especificamente na França, onde as crianças imigrantes são vinculadas ao terrorismo, num processo geral de sideração, influenciadas pelos próprios pais. O que viria ilustrar a importância da construção do vínculo de filiação, num contexto sociocultural mais amplo, com as suas relações de força e representações culturais, não só da adoção mas também do mundo de origem da criança adotada – neste caso, negro e muçulmano.

A inscrição da criança no processo de filiação

Um segundo aspecto a ser considerado quanto ao discurso da mãe seria a análise complementar dos diversos níveis de compreensão desse discurso, que podem existir simultaneamente no âmbito das nossas consultas.

Os temas circuncisão e possibilidade de retorno às "origens religiosas", tão apavorantes e ameaçadores, interrogam sobre a filiação e os vínculos culturais aos quais a criança pertence. Essas questões encontram-se presentes na dinâmica do casal.

Podemos considerar a hipótese de que tanto a origem cultural da criança quanto a sua alteridade pode desencadear os distúrbios relacionados à parentalidade e à sua inscrição no processo de filiação. A mãe iniciou sozinha o procedimento de adoção, sendo que seu companheiro integrou a ação apenas num segundo momento. Ele nos dirá: "eu tinha duas possibilidades: entrar ou não na aventura. Quando encontrei Ettan, minha cabeça dizia que sim, mas, oficialmente, eu não me manifestava". Atualmente, a mãe adotiva encontra-se sempre sozinha para a realização de todas as etapas que implicam a transcrição da adoção de Ettan em adoção plenária (completa e definitiva). O companheiro delega-lhe todas as responsabilidades relacionadas à inscrição de Ettan no processo de filiação, como a nominação e a circuncisão. A fragilidade quanto ao lugar simbólico da criança associa-se aos sentimentos ambivalentes que o casal apresenta quanto à presença e à existência da criança na família recém-formada.

Ao decorrer de nossas consultas, surgem, rapidamente, alguns conflitos do casal quanto à educação de Ettan. Nesse contexto, nós decidimos recebê-los sozinhos, sem o filho, durante três sessões. A mãe reclama dizendo que o seu companheiro é muito "autoritário" e "violento" com seu filho. Ele não sabe como se posicionar frente às críticas. O conflito é tal que, de modo implícito, a senhora ameaça se separar do companheiro. Repete, durante as consultas, que se sente muito magoada pelos comportamentos de rejeição que Ettan apresenta em relação ao companheiro. Essas reações estão presentes quando o menino deseja estar sozinho com sua mãe nos momentos de reencontro após uma longa jornada de trabalho ou de manhã cedo na cama do casal. Essa aproximação, "exclusiva" entre a mãe e a criança, questiona o tipo de vínculo afetivo existente entre Ettan e seu "pai adotivo". Essa situação encobre um outro aspecto da relação entre eles, no qual o pai passa muito tempo se preocupando com a segurança e o bem-estar da criança, se concentrando nos cuidados "maternais" relacionados ao corpo dela.

A interrogação referente a quem a criança pertence, se exclusivamente à mãe adotiva ou ao casal, é o fio condutor de todas as consultas, reforçando um sentimento de rivalidade parental quanto ao tipo de vinculação a ser estabelecido com Ettan. Os conflitos podem estar associados às diferenças entre as competências reprodutivas de cada um dos pais. O senhor conseguiu conceber, mas a senhora é infértil. O ciúme da senhora pode ser interpretado pela extrema reivindicação de ser melhor que o pai nas funções da parentalidade. Ela manifesta com muito sofrimento que o tempo que ela não está com seu filho é muito doloroso, mesmo que ele esteja com o pai. Essa tristeza se inscreve num movimento de luto dos primeiros meses de vida de Ettan, dos quais ela foi privada. Considera que esses momentos foram perdidos para sempre, mesmo que ela tenha lutado muito para estar com ele o máximo possível, durante o processo de adoção internacional. O processo de luto quanto ao tempo não compartilhado com a criança associa-se ao luto da criança biológica que ela teve que renunciar após inúmeras fecundações *in vitro* e uma separação amorosa muito dramática da qual ela não fala.

Mas a rivalidade é igualmente reveladora de outro problema intrapsíquico que nos permite abordar um terceiro nível de leitura. Do lado da senhora, surge imediatamente uma reivindicação de vínculo exclusivo para com o seu filho. Ela associa à sua própria história de vida, na qual o problema da rejeição é, segundo ela, "central". Filha única, perdeu seu pai com 25 anos de idade, sendo a evocação desse tema algo tão doloroso que obtivemos alguns poucos elementos dessa história de vida e suas vivências dramáticas. Em seu discurso, ela descreve uma relação difícil e distante com a própria mãe, a qual teria sido substituída por uma relação com uma tia materna, "enfermeira em psiquiatria". A tia a apoiou no seu empreendimento de adoção, chegando até a acompanhá-la em uma de suas viagens ao leste da África para encontrar Ettan. Ela participará também no processo de nomeação da criança. A ausência da própria mãe no discurso da mãe adotiva de Ettan não possibilita o conhecimento do significado da chegada do primeiro e único neto na família. Sabemos apenas que a avó adotiva ficou contente, mas não teve tempo para investir no relacionamento com o neto devido a problemas de saúde.

O vínculo exclusivo com Ettan, buscado por uma adoção sozinha, é mantido por uma separação das dimensões afetivas e jurídicas da filiação paterna, destacando, assim, a presença de relações mãe-filho, aparentemente edípicas. Tal exclusividade sugere tentativas emocionais da mãe de se proteger da repetição da experiência de rejeição, que desencadeia o surgimento de angústia, que é representado pela preocupação com os vínculos que Ettan pode ter com a cultura do país de origem, que a mãe interpreta como uma ameaça terrorista. Mas a presença desse vínculo exclusivo oriunda do fato de a mãe ter "procurado" uma criança, estando sozinha, desencadeia uma certa ambivalência nas relações materno-infantis. Lembremos que a mãe iniciou uma relação de casal no momento em que a criança lhe foi atribuída, permitindo interpretar esse encontro amoroso como uma luta contra a fantasia de onipotência materna quanto à fabricação da criança. Uma mãe simbolicamente onipotente pode engendrar, "fabricar" uma criança monstruosa, capaz de se vincular ao Boko Haram e ao terrorismo.

Evocar o nascimento de Ettan "na região de Boko Haram" e a preocupação de que poderia retornar ao país de origem,

32 LEITURAS MÚLTIPLAS E MISCIGENADAS...

representaria, não obstante, uma maneira de convocar a imagem da mãe biológica. Em nosso contexto atual, Boko Haram representa também atos violentos e agressivos como sequestros e estupros de mulheres. Destaca-se, aqui, a questão das representações fantasmagóricas da mãe adotiva com respeito à mãe biológica de Ettan: a criança seria fruto da opressão, do estupro e da violência. Primeiramente, a mãe adotiva enfatiza a ideia do retorno às origens religiosas que, implicitamente, também carrega a origem biológica.

Ao destacar os vínculos da criança com a cultura de origem, a mãe estaria transpondo os conflitos presentes no campo da filiação e parentalidade para o campo cultural. Essa dinâmica é o resultado das angústias e projeções existentes sobre as origens da criança adotada. Preocupar-se com a questão cultural seria psiquicamente menos custoso do que se confrontar com a mãe biológica, ainda que ela se encontre apenas presente no mundo imaginário da mãe adotiva e, quem sabe, no da criança adotada.

Poderíamos também questionar sobre uma eventual identificação da mãe adotiva para com a mãe biológica, na qual estariam presentes as fantasias quanto à possibilidade de ela ter sido vítima de estupro, sendo o pai biológico de Ettan um provável violador e assassino.

Para a mãe adotiva, quando Ettan evita o contato visual com ela, significaria que ele estaria fugindo do reflexo de seus pensamentos. Ela reclama que Ettan não "olha direto nos seus olhos" (comportamento não detectado nas interações mãe-filho durante as consultas). Mas observamos que o olhar materno é frequentemente ambivalente e inseguro.

Analisando o papel do pai adotivo, ele apresenta certas dificuldades em ocupar o lugar de pai, visto que o empreendimento da adoção foi realizado somente pela mãe. Soubemos que ele também tem uma filha com 14 anos de idade, fruto de uma primeira união.

Todo vínculo com esta filha está cortado desde que ela era pequena, pois os conflitos com a ex-mulher impediram o contato entre o pai e a filha. A relação entre o pai e Ulisses teria oscilado entre grande ausência ou uma presença muito protetora do tipo maternal. O pai adotivo irá atribuir esta ambivalência presente no seu papel de pai à sua história de vida que foi marcada pela sua separação dos pais numa fase muito precoce de sua infância:

eu sou como Ettan, não tive pai. Nasci em Portugal, fui criado por uma tia até os 2 anos de idade, quando os meus pais migraram para a França. Depois fui viver com eles, mas a relação com o meu pai foi sempre muito conflituosa, era uma guerra o tempo todo. O meu pai era muito ausente, ditador e muito autoritário.

Parecia estar perplexo diante do papel de pai que vivenciou enquanto criança e ao papel que poderia desenvolver enquanto adulto. Entretanto, ele teve um pai do ponto de vista jurídico, mesmo que ele tenha sido ausente. O pai adotivo de Ettan se posiciona como pai afetivo, considerando a ausência da dimensão jurídica para inscrever a criança num processo de filiação. Questiona o acesso à posição paterna, sua presença/ausência para com as suas crianças biológicas e a sua resistência a implicar-se completamente no processo de adoção de Ettan.

Encontramos a ausência da figura representada pelos dos avós paternos no discurso do pai. Será que eles sabem que são também "avós de Ettan"? Não houve indícios de relatos contando que eles participam da vida de Ulisses, seu filho biológico.

O pai conta que Ulisses passa as férias em Portugal na casa dos avós maternos e não na casa dos avós paternos. Ettan fica na França. Observa-se a fragilidade e a ambivalência quanto à inscrição de

34 LEITURAS MÚLTIPLAS E MISCIGENADAS...

Ettan na linhagem paterna, ou seja, do "pai adotivo". Por exemplo, quando o senhor buscou Ettan na creche pela primeira vez, a direção lhe pediu para justificar os vínculos existentes com a criança, exigindo os documentos que os comprovem. Assim, a situação de filiação paterna de Ettan é colocada em prova quando um colega de grupo lhe pergunta: "você é o pai do Ettan? Mas você é branco?". Ettan capta essas palavras, exprimindo suas emoções e a confusão existente em sua vida, sentindo provavelmente a ambivalência do pai, ele reage dizendo: "eu não vou, o pai é malvado".

O brincar e o desenhar terapêutico

Durante as consultas familiares, Ettan solicita regularmente um dos coterapeutas, como se estivesse procurando um apoio. A relação terapêutica é mediada pelo brincar, desenhar e contar.

Assim, podemos transmitir à família um significado quanto aos desenhos de Ettan, representando de modo repetitivo a expressão de suas angústias e as fantasias presentes no discurso dos pais.

Como exemplo, durante uma consulta, a mãe adotiva evoca, com uma voz muito baixa, as dificuldades encontradas para contar ao seu filho a história sobre seu nascimento, a sua mãe biológica e seu abandono. Ettan desenha então um homem "batata" e agrega olhos, mãos e pés. Fala então bem forte: "tem que lhe fazer as orelhas!" Misturando o gesto e a palavra, desenhou a imagem com antenas. O segredo, os objetos escondidos estão frequentemente presentes, não apenas em seus desenhos, mas nos "mapas da busca ao tesouro" que ele ilustra, particularmente quando se trata da questão de suas origens e dos papéis de adoção plenária que a sua mãe tem dificuldade em recuperar.

Ettan costuma utilizar o seu tempo para desenhar. Ele também gosta de brincar especialmente com um jogo de construção que permite criar uma ou várias casas, as quais ele organiza em círculo, instalando no centro as mesas e as cadeiras, o que pode ser compreendido como a representação simbólica do seu lugar no cruzamento dos mundos familiares que ele conhece, aquele de sua África natal, onde a família de Ernestine o acolheu durante seus primeiros anos de vida, e o da atualidade. Ele tenta reunir a família atual no centro, com muita dificuldade. Durante o brincar, repete um ritual que consiste em instalar cada grupo de família no dormitório, cada um tendo seu lugar entre as camas maiores e as menores.

O atendimento terapêutico com Ettan e sua família continua em andamento. Ele parece evoluir de maneira satisfatória, sem que a equipe terapêutica tenha observado alguma inquietude particular. Integrou facilmente a escola, e a família demonstra, progressivamente, atingir certo equilíbrio. Não obstante, os conflitos dos pais quanto às origens de Ettan e a sua alteridade nos mostram as dificuldades existentes para que este trio (Ettan, mãe adotiva e pai adotivo) possa construir uma família. Preocupa-nos o fardo que Ettan carrega, repleto das projeções parentais sobre as suas origens. Pensamos também sobre como ele poderá se libertar desse peso no futuro.

O que é projetado sobre a alteridade da criança

A partir da apresentação dessa situação clínica, tentamos ilustrar os diferentes níveis de análise possíveis quanto ao objeto principal de preocupação num processo de adoção: a alteridade da criança, que representa um campo de projeções diversas ligadas às representações mais profundas e íntimas dos pais e ao contexto social mais amplo, passando pelos níveis intersubjetivo e familiar.

Nosso quadro terapêutico grupal inscreve-se numa abordagem complementar transcultural, esforçando-se em fazer coexistir diferentes níveis de análise e de compreensão, com o objetivo de permitir a elaboração complexa da alteridade como fonte de criatividade e não como um obstáculo à inscrição da criança no processo de filiação.

Assim, essa iniciativa nos possibilita sair de certos jargões encontrados na literatura que reduzem a questão da alteridade da criança a uma falha de sua inscrição na filiação parental, dando, assim, mais importância à sua identidade cultural, como um aspecto protetor do desenvolvimento psíquico (Skandrani, Harf, Mestre &, Moro, 2012; Harf, Skandrani, Mazeaud, Révah-Lévy &, Moro, 2015).

Na França, o lugar que o país de origem e o meio cultural da criança representa em seu mundo psíquico é considerado como uma simples desculpa para encobrir outras questões e preocupações mais importantes. No entanto, questionar e desconsiderar os vínculos culturais da criança implica em uma falha na inscrição da criança na representação imaginária e simbólica da filiação (Soulé & Lévy-Soussan, 2002). Do outro lado do Atlântico, a literatura anglo-saxônica insiste na importância da manutenção dos vínculos com o país e a sua cultura, dado que isso permitiria o desenvolvimento de uma identidade cultural positiva na criança, aumentado a autoestima e favorecendo um bom desenvolvimento psicológico (Lee, Grotevant, Hellerstedt, & Gunnar, 2006; Rushton & Minnis, 1997; Thomas & Tessler, 2007).

A alteridade é encontrada em todas as crianças, mas no processo de adoção é exposta ao olhar do outro e passa a ser fortemente ressentida na intimidade familiar e fantasiada no mundo intrapsíquico. Ela só pode ser elaborada quando abandonamos as posições radicais e ideológicas e tecemos laços entre os diferentes níveis de compreensão.

As crianças adotadas nasceram e cresceram durante um certo tempo num outro lugar e numa outra cultura. Suas primeiras sensações, satisfações, frustrações e interações foram feitas num além geográfico, familiar e/ou grupal, cultural, deixando marcas significativas na sua história de vida. Esse além, esse outro mundo em que a criança viveu antes de ser adotada, será também uma fonte de fantasias e de projeções não só da parte dos outros, mas de seus próprios pais adotivos. A dinâmica é representada pelo conceito de contratransferência cultural elaborado por Devereux (1972), que engloba a parte inquietante de estranheza que cada um de nós temos, formando um enquadre clínico, junto com as interações familiares, as transmissões transgeracionais e as inscrições psíquicas de cada indivíduo envolvido no procedimento clínico de consultas terapêuticas transculturais sobre a adoção internacional.

Referências

Cramer, B., Palacio Espasa, F. (1993). *La pratique des psychothérapies brèves mères-bébés:* études cliniques et techniques. Paris: puf.

Devereux, G. (1972). *Ethnopsychanalyse complémentariste.* Paris: Flammarion.

Golse, B. (2012). La double étrangeté de l'enfant venu d'ailleurs, accueilli en adoption internationale. *L'Autre, 13*(2), 144-150.

Guyotat, J. (1980). *Mot, naissance et filiation: études de psychopathologie sur le lien de filiation.* Paris: Masson.

Harf, A., Skandrani, S., Mazeaud, E., Révah-Lévy, A, Moro, M. R. (2015). Le concept d'identité culturelle chez les enfants adoptés: quelle pertinence? *La psychiatrie de l'enfant*, 58, 299-320.

Harf, A., Skandrani, S., Sibeoni, J., Le Du C., Legros, S., Mestre, C., Moro, M. R. (2013). La consultation "adoption internationale", une lecture multiple et métissée. *Adolescence*, 3, 521-530.

Harf, A., Taïeb, O., Moro, MR. (2007). Le récit de l'adoption: un révélateur du trauma des parents adoptifs. *Neuropsychiatrie de l'enfant et de l'adolescent*, 56, 257-262. Lee, R. M., Grotevant, H. D., Hellerstedt, W. L., Gunnar, M. R. (2006). Cultural socialization in families with internationally adopted children. *Journal of Family Psychology*, 20(4), 571-580.

Moro, M. R. (1998). *Psychothérapie transculturelle de l'enfant et de l'adolescent*. Paris: Dunod.

Rushton, A., Minnis, H. (1997). Annotation: Transracial Family Placements. *Journal of Child Psychology and Psychiatr*, 38 (2), 147-159.

Skandrani, S., Harf, A., Mestre, C., Moro, M. R. (2012). La question culturelle dans l'adoption internationale. *L'autre, Cliniques, Cultures et Sociétés*. 13 (2), 151-159.

Soulé, M., Lévy-Soussan, P. (2002). Les fonctions parentales et leurs problèmes actuels dans les différentes filiations. *La psychiatrie de l'enfant*, 451, 77-102.

Thomas, K. A., Tessler, R. C. (2007). Bicultural socialization among adoptive families. Where there is a will, there is a way. *Journal of Family Issues*, 28(9), 1189-1219.

2. Memórias de adoção[1]

Ombline Ozoux-Teffaine

Fertilizar o passado e dar à luz ao futuro:
que assim seja meu presente

Friedrich Nietzsche

O interesse pelo conhecimento das origens provocou muitas paixões no homem que procura criar uma representação de si o mais próximo possível de onde vem e para onde ele vai. Muitos autores exploraram esses mistérios de memória, que a psicanálise nunca deixa de questionar a seu modo. As peculiaridades dessa memória, no entanto, às vezes nos surpreendem quando certas vivências se mostram mais atípicas. Esse é o caso dos sujeitos adotados e cujos os pais biológicos são considerados desconhecidos. Podemos testemunhar uma situação singular em que a paciente, adotada aos 3 meses de idade, não pode, *a priori*, ter acesso às informações sobre a sua origem. O que poderíamos inferir de suas

---

1 Sequência clínica extraída de uma comunicação em *small group*, realizada no congresso da International Psychoanalytical Association (IPA), em 2015, em Boston.

40 MEMÓRIAS DE ADOÇÃO

construções defensivas e de suas representações psíquicas? O que recobre o significado de pai e mãe? Qual pai e qual mãe aliás? Como podemos traduzir o que ela exprimirá inicialmente de uma forma operatória, angustiada e hesitante? Da ambiguidade das fórmulas de "pai verdadeiro" ou "mãe verdadeira", que pareceria irrelevante a uma primeira escuta, nós tentaremos identificar essencialmente as formas de objeto que podem se enunciar por trás das imagens parentais e da sua história de vida. É de fato a paciente que nos guiará em suas memórias.

Tenho a impressão que Maria ficou presa, colada a um torpor que a fez repetir tanto as separações quanto as relações de amor episódicas. Tendo ficado com o seu primeiro companheiro por alguns anos, repentinamente ela se sente entediada e o deixa. Depois de mudar de país, conhecer um segundo companheiro, ela se envolve e então se afasta. Volta para a casa de seus pais, mas continua em busca de mudança e, ao se mudar, se sente angustiada. Efetivamente, ela vem me consultar, pois diz sentir um desconforto permanente e crises de angústia desde que ela se mudou da casa de seus pais. Seus relacionamentos amorosos deixam-na insatisfeita. No período final do primeiro ano de trabalho analítico, o encontro de um terceiro companheiro lhe dará acesso rápido à maternidade. Nosso ritmo de sessões é semanal e face a face.

Memória e ambivalência

Nada vem obscurecer a imagem que ela guarda da sua infância. Tendo chegado aos três meses de idade na casa de seus pais, ela diz ter sido uma criança única, amada e bem cuidada.

Sua mãe e seu pai estão bem identificados, Maria declara que, sem dúvida alguma, seus pais a adotaram plenamente. Eles auxiliaram e permitiram que Maria adquirisse algum conhecimento de suas origens biológicas. Efetivamente, o pai adotivo, por meio de seus conhecimentos, encontrou registros desta mãe primeira (mãe de origem genética), que deu à luz sob sigilo. Assim, Maria pôde escrever-lhe uma carta que obteve como resposta algumas palavras reconfortantes, mas o desejo de não mais corresponder-se. Esse limite que foi respeitado por Maria, que defendeu a reação da mãe biológica, dizendo que tudo se passou bem e como esperado. Dessa forma, Maria pôde se representar uma "família de origem". Origens benéficas ou perturbadoras?

Nesse momento, como se ela fosse o resultado de um amor passional e proibido, acredita firmemente que é fruto de um caso extraconjugal. Ela soube que esta mãe primeira era responsável administrativa na mesma área de trabalho de seus pais adotivos; assim, Maria a viu como sua mãe adotiva participando tanto quanto ela nas responsabilidades da vida cívica e social, como Maria tenta fazê-lo por meio de sua busca de emprego. Semelhanças ou identificações?

Estive atenta ao movimento recorrente que a faz investir em projetos extremamente idealizados para em seguida cair de volta ao fundo de um abismo. Teremos os meios para identificar juntas uma flutuação frequente entre esses "altos e baixos", entre mania e melancolia. Maria lutou contra as suas variações de humor trazendo regularmente às sessões os acontecimentos cotidianos e suas dores de estômago e mantinha-se sempre tensa em relação ao futuro, bem como em regressão no que concerne o passado. Essa oscilação de suas experiências corpóreas e afetivas e de seus comportamentos reeditará uma nova cena, na qual a transferência materna e paterna será sustentada por minha contratransferência.

A princípio, eu a vejo como tendo sido uma criança alegre, criando contos de fadas sobre seu nascimento: o pai primeiro, que

42 MEMÓRIAS DE ADOÇÃO

permanece desconhecido para ela, pode se vestir em príncipe encantado. Além disso, ela pensou que ele poderia ser advogado, pois sua mãe teria se relacionado com uma figura importante da sua região. Procurou ativamente na internet fotos dos filhos legítimos desta mãe primeira e se viu lisonjeada quando descobriu características fisionômicas comuns entre ela e os hipotéticos irmãos. Diz que poder ter irmãos e irmãs física e psiquicamente a faz sentir uma energia comunicante entre eles.

A questão do seu apego ao pai adotivo irromperá nas sessões, um pai deprimido, apesar do apoio de sua esposa. Maria parece portar em si esse sofrimento. Atualmente, mesmo diante de um marido deprimido, Maria oscila entre reivindicações de independência e de dependência afetiva dele. Assim, a projeção no companheiro de uma imago narcísica depressiva é repetida. Ela vivencia a relação como a de seus pais, um casal "em sofrimento", embora eles se amem muito e se desejem. Suportaremos essa ambivalência na transferência.

E graças a uma certa regressão em relação ao passado original, a analista se tornou uma mãe primeira capaz de escutá-la em suas necessidades básicas. Maria experimenta na transferência, segurança e permanência, o que ela procura, por conseguinte, garantir à sua filha, Lisa. As relações entre mãe e filha tornam-se intensas e quase simbióticas. No apartamento em que vivem há apenas um quarto que os pais dividem com a criança.

Construção e memória do pai

Ao pensar nas posses de seu companheiro, Maria estima o apego de Lisa ao seu pai. Ele possui um terreno de grandes proporções onde ele cultiva a terra e no qual pensa construir uma casa para a família num futuro próximo. O terreno se localiza não muito longe da cidade e ao lado da casa de sua própria mãe. Ele vai frequentemente ao terreno para cuidar da terra e fazer a manutenção do trabalho de muitos anos de cultivo, do qual Maria pode enunciar o simbolismo.

Sem contar o tempo, ele se dedica ao terreno como uma maneira de romper com a lassitude da sua vida profissional. Pai e filha frequentam e passam grande parte do tempo livre no terreno, enquanto Maria diz sentir um bem-estar temporário ficando só. Por vezes, ela se junta a eles, mas logo diz se cansar do lugar. No entanto, Maria considerará a criação de um casal conjuntamente com o projeto de construção da casa neste terreno. Mas resistirá algum tempo até que consiga um emprego fixo para assim obter a sua parte no empréstimo da soma necessária para a construção. Isolados, um ou outro não podem fazer nada, mas juntos o projeto pode se concretizar. Eles manifestarão resistências, por vez, um, por vezes, o outro, o que atrasará a realização do projeto e, enquanto isso, a filha cresce no quarto dos pais.

Eu seguirei os meandros de suas hesitações, sentindo uma preocupação com a criança, que parece evoluir e se desenvolver sem problemas apesar de uma atmosfera conflituosa. Os avós maternos são muito atentos e muitas vezes os recebem durante as férias. Penso, então, nas necessidades de uma "Maria-bebê" colada a uma mãe primeira ambivalente, da qual ela poderia pressentir uma separação prematura. Eu acredito que a necessidade de satisfação primária, a incerteza de uma continuidade de ser e a "ameaça de aniquilamento", teriam deixado vestígios predominantes desde o início da vida de Maria.

Sugiro-lhe uma associação: "você parece esperar terminar de nascer para construir essa casa familiar?" Num primeiro momento, ela me parece surpresa, mas logo se lamentando, expressa seu

44 MEMÓRIAS DE ADOÇÃO

medo e sua grande angústia de se sentir presa e isolada na futura casa, os trajetos de ida e volta à cidade, para o trabalho e as compras, os cuidados de sua filha, a vizinhança, tudo parece insuperável. Por outro lado, ela pensa em sua filha que logo terá 5 anos e que ainda dorme no mesmo quarto que os pais. Ela pensa em procurar um apartamento maior, mas a ideia de instalação intermediária não obtém o consentimento de seu companheiro, que não quer abandonar o projeto da sua casa.

A decepção leva Maria a pensar em uma separação e o consequente fracasso do projeto de construção. Numa posição contratransferencial parental, eu me sinto preocupada com o seu futuro incerto. Ao mesmo tempo, ela diz continuar procurando um trabalho fixo e seguro para cumprir as condições necessárias para o empréstimo. Ela permanecerá nessa posição de espera por um longo período. Tendo tido uma boa educação acadêmica, se diz competente em "economia e comunicação" e que poderia obter um cargo de responsabilidade. Mas ela nunca conheceu uma situação profissional estável e duradoura, pois a ideia a faz sentir-se sufocada, da mesma forma que a representação de uma casa.

No final do quinto ano de trabalho analítico, tendo elaborado esse aspecto fóbico do compromisso, Maria obterá o famoso contrato de trabalho e, ao mesmo tempo, alcança um certo conhecimento de seu funcionamento psíquico. Nesse momento, o projeto de construção ganha forma, enquanto Maria acumula informações em torno de um outro pai.

Esse pai primeiro assumirá um novo rosto. Ela pode considerá-lo doravante como "legítimo", pois pode pensar que ele estava casado com sua mãe primeira. Essa imagem, que sua memória seleciona, alimenta a fantasia de um romance familiar em reconstrução.

A ansiedade diminui quando ela pode imaginar uma família com várias crianças. Ela seria a caçula, a que não pode ter sido guardada por causa da separação dos cônjuges. Ela desculpa particularmente o pai primeiro, que teria ignorado a gravidez no momento do divórcio. O que dá sentido ao sentimento de incerteza que a acompanha há muito tempo e assim permite que ela estabeleça uma hipótese mais segura sobre a sua situação de adotada.

Em apoio ao meu movimento contratransferencial carregado de preocupação, essa busca por um outro pai trouxe à tona a construção do fantasma de uma nova cena sexual da sua concepção. Como já mencionei, me refiro aqui a uma reconstrução, um "novo romance das origens", que passa assim pela elaboração de outra cena primitiva. De abandonada, largada que ela poderia ser, em razão de sua primeira memória interna de uma transgressão, ela se sente agora contida, carregada por uma família primeira, que poderia mesmo reconhecê-la na realidade. Além disso, se quisesse, ela poderia se juntar a eles? Foi essa abertura possível fantasmaticamente que, se desenrolando, proporcionou uma sensação de exaltação, que a paciente pode utilizar para ir além de seus arranjos defensivos e construir, por assim dizer, uma nova história interna.

Essa variação da memória em suas origens não é uma convicção rígida nem uma alucinação visual; essa forma originaria tem sua fonte em um passado recomposto e reconstruído no processo transferencial. E ela é suficientemente variável a fim de poder ser reenunciadas a outros, de forma diversificada.

Memória do fantasma "uma criança é espancada"

Na véspera da assinatura da "licença de construção" de sua casa, descobriu-se que o "telhado" não estava em conformidade com os regulamentos de planejamento urbano. O pânico se apodera do casal. No entanto, Maria mantém-se lúcida, pois começa a entender os efeitos da projeção, deslocamento, condensação e transformação que ocorrem em sua "construção".

Ao se construir ela mesma, fora do alcance negativo de uma representação culpada e dolorosa de uma cena primitiva, ela pode reagir à ameaça depressiva. Agora sabe que o momento chegou para advir um telhado diferente para sua família. Ela vai reencontrar uma nova memória.

Durante sua infância, ela tem a lembrança de ter recebido de seu pai uma certa ternura que poderia a ter sufocado, mas, diz ela, não ter sofrido no momento. No entanto, sua consciência manteve os cuidados desse pai, preocupado demais com seu próprio equilíbrio. Ele estava submisso ao irmão gêmeo que, sarcástico, o desqualificava sadicamente. Maria, mesmo sentindo-se impotente, procurou defendê-lo das garras de seu tio. A ideia de que esse tio teria batido no pai a perseguia. Ela vai evitar seus pais desde que maior de idade e sua ira contra eles vai explodir algum tempo depois.

Entretanto, Maria se deu conta que procurava em seus companheiros a ternura oferecida por seu pai. Ela pedia tudo, mas sentia-se oprimida pelas suas exigências, o que a fazia fugir. Um fantasma de punição pesava sobre ela. Portanto, é pela elaboração desse fantasma que a criança pode acessar a percepção e o encontro do pai edipiano. Mas, para Maria, seu pai estava, ele mesmo, em busca de um pai a quem fazer ouvir esse fantasma que se tornara real. Por outro lado, entregue à maternidade, esta sendo atravessada por fantasias incestuosas, a elaboração do fantasma poderia levá-la a fugir novamente e a reencontrar relações sufocantes.

Desde então, Maria pode se dizer mais feliz, orgulhosa de sua filha, que se desenvolve livre de sua influência psíquica, apesar da proximidade física que ela foi obrigada a vivenciar. O telhado da casa foi remanejado concretamente pelo arquiteto, mas psiquicamente pela construção analítica, a analista podendo então representar o arquiteto na relação transferencial. No curso desse tratamento específico, paciente e analista experimentaram uma reelaboração possível da memória bem como da vitalidade psíquica em relação à transformação do fantasma de cena primitiva e do fantasma de punição, e talvez mesmo um fantasma intrauterino subjacente, quando a colagem a ligava ora com sua mãe ou pai, ora com sua filha.

Em memória de...

Parece apropriado dizer às crianças a verdade sobre suas origens, toda a verdade. Mas é necessário esperar que ela possa ser esquecida, contornada ou mesmo negada, quando uma separação precoce ou mais tardia pode deixar traços silenciosos de um trauma. Muitos sujeitos adotados nos mostram que a memória está longe de ser estável e definitiva, mas que ela segue a evolução fantasmática de determinada realidade interna, isto é, do romance que eles produzem, que eles criam ou recriam nos seus cursos de vida. Esse movimento, que pode ser detectado no momento da adoção, como descrevi em outros casos anteriormente, é apenas mais ativo na terapia psicanalítica porque é revivido durante o processo transferencial. No entanto, a percepção do analista, bem como o benefício ou o prejuízo de tal aventura, também podem introduzir uma contra-atitude manifesta, elemento contratransferencial maior, uma condição prévia para a escuta do material das sessões.

Ouvir esses pacientes, de acordo com W. Bion, sem memória e sem desejo, poderia facilitar a desvinculação das implicações sociais e até ideológicas que atualmente pesam no consenso geral? A escuta analítica das memórias em adoção, poderia se afiliar às práticas adotivas diversas e variadas?

Referências

Anzieu D., Kaës, R., Missenard, A., Kaspi, R., Guillaumin, J., Bleger, J., Jaques, E. (1979). *Crise, rupture et dépassement*. Paris: Dunod.

Bion, W. (1977). *Une mémoire du futur*: le passé au présent. Tome II. Césura Lyon Editions: 1989.

Freud, S. (1909). Le roman des névrosés. In Freud, S., *Névrose, psychose et perversion*. Paris: Puf.

Freud, S. (1919). Un enfant est battu, contribution à la genèse des perversions sexuelles. In Freud, S., *Névrose, psychose et perversion*. Paris: Puf.

Freud, S. (1937). *L'analyse avec fin et l'analyse sans fin*. In Freud, S., *Résultats, idées, problèmes*. Paris: Puf.

Golse, B. (1999). *Du corps à la pensée*. Coll. Le fil rouge, Paris, Puf.

Marty, P. (1976). Les mouvements individuels de vie et de mort, Paris, Payot.

Ozoux-Teffaine, O. (1987, 1992). Adoption tardive, d'une naissance à l'autre, Paris, Stock.

Ozoux-Teffaine, O. (2004). ss la direction, Enjeux de l'adoption tardive, nouveaux fondements pour la clinique, Erès.

Smadja, C. (2001). *La vie opératoire* (Coll. Le fil rouge). Paris: Puf.

Soulé, M. (1984). *Le nouveau roman familial* (Coll. La vie de l'enfant). Paris: ESF.

Soulé, M., & Verdier, P. (1986). *Le secret sur les origines* (Coll. La vie de l'enfant). Paris: ESF.

3. Adoção e falso *self*: o dilema do "bom adotado"

Gina Khafif Levinzon

No trabalho clínico com crianças adotivas e suas famílias, é frequente nos depararmos com crianças que apresentam algum sintoma que destoa de um comportamento geral aparentemente bem adaptado e tranquilo. Muito comumente nesses casos, a criança tem dificuldades escolares que preocupam os pais e algumas vezes dificuldades de relacionamento ou medos diversos, apesar de ser considerada uma criança "comportada" e que "não dá trabalho". O contato com essas crianças mostra que elas se preocupam em demasia em agradar aos pais e corresponder ao que lhes parece que esperam dela, com prejuízo de sua capacidade de espontaneidade e de um contato mais profundo com sua instintividade e impulsividade. Esse tipo de configuração psíquica não se refere apenas a pessoas adotivas, mas pode ser encontrado na população de modo geral, conforme foi descrito por diversos autores (Winnicott, 1960; Deutsch, 1942; Joseph, 1975). Parece-me, no entanto, que nos casos de crianças adotivas há uma série de fatores relativos às condições inerentes ao processo de adoção que propiciam um risco maior de que esse quadro se instale.

50 ADOÇÃO E FALSO *SELF*

Pretendo neste trabalho examinar a configuração afetiva presente nas crianças adotivas aparentemente bem adaptadas, mas que apresentam um estado de superficialidade e empobrecimento de sua personalidade e como os fatores específicos da situação de adoção podem estar associados a esse panorama psíquico.

O verdadeiro e o falso self

Winnicott (1960a) usa a palavra *self* para se referir à pessoa na sua essência, como uma totalidade que se desenvolve dentro de um processo de maturação. Nos primórdios da vida da criança, o ambiente tem a função de proporcionar-lhe o cuidado necessário e suficiente para que seu desenvolvimento ocorra de forma satisfatória. Para Winnicott (1957), cada bebê é uma organização em marcha. O ímpeto para a vida e para o crescimento saudável está presente em cada pessoa ao nascer, e depende de um ambiente adequado para que possa se manifestar na sua dimensão única. Para isso, o bebê depende do *cuidado suficientemente bom* da mãe.

Com o decorrer da gravidez, a mãe desenvolve um "estado especial" denominado por Winnicott (1956) de preocupação materna primária. Sua sensibilidade em relação ao bebê vai gradativamente aumentando e continua depois do nascimento. Verificamos que, comumente, as mães grávidas ocupam suas mentes cada vez mais com o seu bebê, num estado introspectivo que representa na verdade uma preparação para a chegada da criança. Nos primeiros meses de vida do filho, a dedicação ao bebê, com os cuidados físicos e psíquicos correspondentes, se prolonga de forma intensa e, aos poucos, vai diminuindo conforme sua necessidade vai decrescendo. Desse modo, se formam condições para que as tendências de desenvolvimento da criança possam começar a se revelar, e o bebê pode experimentar o movimento espontâneo que lhe é peculiar.

Apesar de suas tendências inatas para o desenvolvimento, no início, o bebê tem um ego incipiente e despreparado para lidar com as demandas do id. A sua fragilidade egoica inicial necessita de permanente apoio da mãe, atuando no sentido de reconstruir uma situação ambiental o mais próximo possível da condição intrauterina. A mãe sustenta o filho segurando-o no colo, entendendo suas necessidades específicas e atendendo-o de modo mais adequado. A capacidade de empatia, a intuição inconsciente e a comunicação silenciosa entre a mãe e o bebê fazem parte desse processo de *holding* que permite que a criança vá adquirindo a noção de um ser unitário e coeso.

Winnicott (1960b) afirma que o *self* verdadeiro só se torna uma realidade viva como resultado do êxito repetido da mãe em responder ao gesto espontâneo ou alucinação sensorial do latente. O bebê tem a *ilusão* de que ele está no centro do mundo e a mãe complementa as expressões de onipotência de seu filho. Com o processo de desenvolvimento em andamento, aos poucos a mãe promove um processo de *desilusão*, que permite que ele vá tomando contato com a realidade segundo suas possibilidades de assimilá-la. A espontaneidade é uma decorrência do *self* verdadeiro, que está intimamente ligado à criatividade e ao sentimento de existência própria.

Falhas muito grosseiras e constantes da função *holding* da mãe podem provocar intensos sentimentos comparáveis a vivências de desintegração, a angústias inimagináveis (Winnicott, 1963). Diante dessa situação, a criança pode lançar mão de um sistema de defesas que garanta a sua existência psíquica. Ela sobrevive, mas o faz de modo falso, por meio do desenvolvimento do que Winnicott (1960b) denominou de falso *self*.

> o lactente é seduzido à submissão, e um falso self submisso reage às exigências do meio e o lactente parece aceitá-las. Através deste falso self o lactente constrói um conjunto de relacionamentos falsos, e por meio de introjeções pode chegar até a uma aparência de ser real, de modo que a criança pode crescer se tornando exatamente como a mãe, ama-seca, tia, irmão ou quem quer que no momento domine o cenário. O falso self tem uma função positiva muito importante: ocultar o self verdadeiro, o que faz pela submissão às exigências do ambiente. (p. 134)

O falso *self* pode ser descrito como o resultado de uma dissociação, que tem por objetivo proteger o verdadeiro *self*, ocultando-o, para evitar seu aniquilamento. O latente passa a viver por meio de *reações* a algo que não é legitimamente dele. Há vários graus de falso *self*, que vão da normalidade à patologia. Quanto mais grave esse quadro, menos a pessoa consegue ser fundamentalmente ela mesma. Nesses casos, a imitação e a necessidade de agradar o outro tomam o primeiro plano em sua vida, com o resultante empobrecimento de sua personalidade.

O falso self e a criança adotiva

A adoção representa uma forma de parentalidade que atende às necessidades essenciais da criança de ser criada dentro de um âmbito familiar e às necessidades ou desejo de pais que se dispõem a exercer a função parental com uma criança que não pôde permanecer com seus genitores. Crianças e pais adotivos têm, dessa forma, a oportunidade de vivenciar as experiências preciosas que caracterizam o processo de filiação. Há, no entanto, algumas características que são inerentes ao processo de adoção, que exigem um esforço de adaptação maior que nas famílias unidas pelo vínculo biológico (Levinzon, 1997, 1999, 2004).

A criança adotiva passou necessariamente por uma experiência de separação em relação à mãe com ligação genética, que, na maioria das vezes, se deu em um momento de vida bastante precoce. Podemos dizer que essa separação representa para a criança um trauma, que tem maiores ou menores proporções conforme as condições em que se deu tal evento. Situações de rejeição já durante a época da gestação ou desligamentos abruptos do contato com a mãe, maus tratos, internações em instituições ou a passagem por diversos intermediários até serem finalmente adotadas, várias são as possibilidades presentes no início da vida das crianças que se constituem em fatores potencialmente patogênicos para o seu desenvolvimento. A marca do abandono e do desamparo pode estar gravada no psiquismo da criança, em graus variados, desde uma cicatriz fina, mas indelével, até uma ferida narcísica com dimensões dramáticas. A sua necessidade de sobrevivência pode levá-la a sobrepujar tais falhas ambientais desenvolvendo uma série de mecanismos defensivos que também apresentam graus diversos, relativos à normalidade ou à patologia. Isso vai depender do que Freud (1916-1917) denominou de séries complementares, ou seja, da inter-relação entre a constituição genética da criança e da adequação do seu ambiente.

Os pais adotivos também se defrontam com uma série de desafios a serem superados. Os motivos que os levam a adotar uma criança são diversos, mas representam o primeiro ponto essencial a ser considerado no processo de adoção. Frequentemente, encontra-se presente uma situação de esterilidade, que precisa ser elaborada pelos pais. Eles se veem às voltas com o luto pela impossibilidade de gerar seus filhos, com tudo o que isso representa em termos da continuidade de si mesmos e de sua imagem narcísica. Para Diniz (1993), a pessoa estéril se vê privada de uma importante defesa na sua luta contra a morte, que a procriação de um filho simboliza. A esterilidade pode também se ligar a fantasias de culpa edipiana por parte dos pais, como se fosse um "castigo" por seus desejos e imaginações proibidos. Sentimentos de inferioridade e mágoas veladas entre os cônjuges pela impossibilidade de gerar o próprio filho também podem ser encontrados nesses casos.

Outros motivos para a adoção, como a morte de um filho, a identificação com a criança abandonada, a fantasia idealizada de "fazer o bem", a necessidade de fazer reparações em relação a fantasias inconscientes são também pontos importantes a serem considerados.

Nos casos de adoção, podemos dizer que o estado de preocupação materna primária descrito por Winnicott não pôde se dar de forma adequada, privando a mãe e a criança adotiva desse importante processo de aproximação. Muitas vezes, a mãe não teve tempo suficiente para se preparar para a chegada da criança ou então ele foi longo demais, expondo-a a momentos de frustração e desesperança. Sua "gravidez simbólica" pode ter durado apenas dias ou então longos anos. No início, a dupla mãe-bebê adotivos se vê às voltas com uma espécie de esforço de adaptação que pode ser bem-sucedido, chegando inclusive em alguns casos a resultar em experiências reais de amamentação. Em outros casos, no entanto, a mãe experiencia um sentimento de estranheza por esse filho que não saiu de dentro de si, e se vê às voltas com angústias conscientes ou inconscientes que dificultam esse estágio inicial. A presença do pai e suas próprias dúvidas representam um ponto importante neste processo.

Em alguns casos, a adaptação entre a mãe e a criança não alcança as condições necessárias para que esta última possa se desenvolver de modo pleno, em função do que foi descrito. A criança, para fugir do aniquilamento psíquico, pode recorrer a um sistema de defesas do tipo falso *self* que resulta numa grande perturbação de sua espontaneidade. Ela precisa precocemente se adaptar ao ambiente, se preocupar com o que se espera dela, pois este ambiente não se mostra preparado suficientemente para proporcionar a qualidade de cuidado que necessita.

A experiência clínica mostra que, somando-se a essa desadaptação inicial mãe-bebê, o medo de ser novamente abandonada pode contribuir para que a criança adotiva desenvolva uma parte de si mesma excessivamente artificial ou desvinculada de sua personalidade nuclear.

Um ponto importante nesse processo refere-se ao que se denominou "fantasias do mau-sangue". Alguns pais adotivos interpretam expressões normais de agressividade ou impulsividade da criança como decorrentes de sua herança genética e as associam com comportamentos marginais ou pejorativos. O sentimento de estranheza: "isso não veio de mim!" revela a má elaboração da condição de descontinuidade biológica em relação à criança. O fantasma dos pais biológicos, reduto de identificações projetivas desmerecedoras por parte dos pais adotivos, se instala nessas situações. Assim, nesses casos, manifestações de agressividade ou de impulsividade por parte da criança encontram sérias barreiras nos pais adotantes. A criança aprende a "ser boazinha" para garantir sua adoção. Podemos dizer que os "bons adotados" se especializam na tentativa constante de corresponder às expectativas dos pais adotivos, com prejuízo de sua possibilidade de se sentirem reais.

A liberdade de assumir e examinar a sua história de adoção pode estar relacionada a essa dissociação que ocorre no *self* do

56 ADOÇÃO E FALSO *SELF*

adotado. Lifton (1994) ressalta que as crianças adotivas frequentemente se calam em relação ao tema da adoção. Dessa forma, elas isolam uma parte de seu *self* do conjunto maior de sua personalidade, num processo que, em diversos graus, pode ser descrito como dissociação ou divisão. Elas não podem formar um sentimento consistente de si mesmas quando negam a realidade e ignoram maciçamente as questões relativas à sua origem e à sua identidade. Um pedaço de si mesmas fica soterrado, e é acompanhado por uma ansiedade difusa e sentimentos de futilidade, vazio. A curiosidade, que se refere a um processo saudável de conhecimento do mundo e de si próprio, fica bloqueada e está associada muitas vezes aos sintomas de dificuldades escolares.

Os pais adotivos, por seu lado, também podem propiciar esta dificuldade da criança de encarar a fundo sua identidade e condição de adoção em função de seus medos, dúvidas e ambivalência. Tanto de parte da criança quanto de seus pais adotivos predomina o medo inconsciente a respeito da firmeza e legitimidade do vínculo de filiação. Não tendo um elo de sangue, muitas vezes há o sentimento de que a aliança familiar não é indissolúvel. A angústia de separação permeia esse panorama, com seus fantasmas de abandono e desamparo (Levinzon, 1999, 2004). O "bom adotado", aquela criança comportada que se ajusta em demasia ao que se espera dela, aparentemente tranquiliza os pais e a si mesmo com sua forma de organização psíquica. Ele também não se expõe a todos com questionamentos sobre sua origem biológica, sua história e suas dúvidas. No entanto, esse equilíbrio frágil tende a não se sustentar por muito tempo, e aparecem os sintomas na criança, que representam um pedido de ajuda para que se crie condições para uma existência mais real.

A história de Marina

Marina tinha 11 anos quando os pais me procuraram, por indicação da escola, com queixa de dificuldades na aprendizagem. Não tinha interesse pelos estudos, era distraída, não participava das aulas e só estudava quando era pressionada. Gostava de ficar brincando em casa. Os pais disseram que ela sempre foi assim, desde que entrou na escola, e que esse era o único problema dela. Se não fosse isso, "não teriam nada para falar", pois ela era uma menina alegre, expansiva, "que os encantava".

O casal tentou engravidar por muitos anos até que decidiram adotar uma criança. Quiseram adotar mais outro filho, mas, como não foi possível encontrar uma criança da forma que desejavam, desistiram. Marina foi adotada recém-nascida. Os pais tinham como requisito para a adoção que a criança tivesse uma compleição física semelhante à deles, e por isso esperaram muito até que surgisse uma menina que correspondesse aos parâmetros. Marina teve um desenvolvimento normal, sem nada que justificasse uma preocupação maior. Pelo contrário, era uma menina muito meiga e afetuosa.

Contaram-lhe sobre a adoção quando era pequena, e disseram que "esse era um tema muito tranquilo para eles", e que, inclusive, falavam isso para qualquer pessoa. Marina, no entanto, nunca tocava neste assunto, e os pais não conversavam a respeito disso com ela. Parecia-me que era muito mais fácil para eles falar de adoção com os amigos do que com a filha, e que o mutismo dela sobre o assunto no fundo os tranquilizava.

O contato com os pais de Marina me deixou a impressão de que havia um mecanismo de negação intensa presente, que fazia com que ficassem distantes das dificuldades de Marina, minimizando-as. Percebi de início que eles desejavam que eu a ajudasse a

58 ADOÇÃO E FALSO *SELF*

corresponder mais completamente ao quadro de "menina encantadora", que as dificuldades escolares obscureciam. Durante todo o tempo de atendimento psicoterápico de Marina, fiz entrevistas regulares de orientação aos pais, procurando ajudá-los a olhar para a filha de modo mais inteiro.

Um quadro na parede: a representação do falso self

No nosso primeiro contato, Marina chegou sorrindo. Era uma menina bonita e afável. Quando lhe perguntei por que estava ali, disse-me que não sabia. Após a minha insistência, acrescentou que não sabia quase nada sobre isso, só que a escola a tinha mandado. Parecia uma pessoa alienada de si mesma, apesar de estabelecer um bom contato comigo. Depois de conversarmos um pouco, aceitou fazer o psicodiagnóstico inicial. Ofereci-lhe o material que estava em cima de mesa, dizendo-lhe que poderia fazer o que quisesse. Marina olhou para mim sorrindo, e disse: "o que eu faço?". Essa pergunta, que se repetiu várias vezes durante a sessão, mostrava que ela buscava em mim a referência para aquilo que sairia de dentro dela. Finalmente, Marina pegou a massa de modelar e fez formas geométricas: um quadrado, uma bola, um losango, sempre criticando muito sua produção. Dizia: "saiu feio, vai ser difícil...". Sua produção estava centrada na perfeição das formas e não havia intuito de alguma representação simbólica específica. Preocupava-se em produzir algo bonito, que supostamente me agradaria, mas sem maior conteúdo.

Mais à frente na sessão, Marina pôde se arriscar a falar mais profundamente de si mesma. Começou a brincar com os bichinhos de plástico e, ao conversarmos sobre eles, me contou que tinha muito medo de cachorros. Receava a violência deles e sempre ficava longe quando avistava algum. Iniciou uma brincadeira em que os bichos se movimentavam, mas logo acrescentou: "finge que era tudo estátua...".

Em seguida, pegou os bonecos que formavam uma família e, me mostrando o bebê, perguntou: "ele também faz parte da família?". A seguir, completou: "esse nenê não existia. Daí se passaram vários anos, e ele cresceu. Era uma bonequinha...".

O material clínico descrito mostra de forma clara a existência de uma organização de tipo falso *self*. Marina procurava no ambiente uma referência para aquilo que ela imaginava que deveria ser, muito bem exemplificada pela insistência em perguntar o que ela deveria fazer. Sua preocupação em fazer "coisas bonitas e perfeitas", mas sem conteúdo, fazia parte desse quadro. A agressividade e impulsividade, projetadas nos cachorros e nos bichos, eram temidas e bloqueadas. Como garantia de proteção, Marina tinha "transformado em estátua" uma parte vital de si mesma.

Podemos supor que esse tipo de organização psíquica foi profundamente influenciado pelos primórdios de sua vida e pelas condições que estavam relacionadas a todo o processo de adoção. A pergunta dramática "este nenê também faz parte da família?" mostrava seus temores quanto à sua inclusão consistente e incondicional no seio familiar. Afinal, quando bebê, ela foi não foi criada por sua família biológica, e parecia que só poderia ser acolhida pela família adotiva sob certas condições. Dessa forma, ela não podia existir de fato como pessoa autônoma, apenas como um brinquedo bonito, mas estático, uma "bonequinha". Ao mesmo tempo, Marina tentava negar a sua história, vivência, dor e estranheza que a acompanharam nos primeiros tempos de vida, fingindo que o bebê que tinha sido "nunca havia existido".

Os desenhos e histórias que Marina fez a meu pedido também eram bastante sugestivos. Ao fazer o desenho livre mostrado na Figura 3.1, Marina disse: "ih, meu Deus... Já sei... É meio demorado esse desenho... É a única coisa de decente que sei desenhar... Tá feio...".

Figura 3.1 Desenho livre.

Quando lhe perguntei o que tinha desenhado, Marina me explicou que ele não significava nada. Era um desenho que costumava fazer porque era bonito. Pedi-lhe que me contasse uma história sobre o desenho, e ela então disse que

> era um quadro num museu. Estava pregado na parede. Aí vieram uns meninos jogando bola e quebraram o vidro da janela e o quadro rasgou. Aí o pintor desenhou o quadro de novo, o quadro rasgou, e o pintor fez outro...

O desenho de Marina parecia um autorretrato: bonito, colorido, mas sem um significado mais profundo. A preocupação maior era estética. Fazia assim "porque era bonito". De fato, Marina se utilizava de várias cores vibrantes, o que mostrava sua potencialidade viva, mas só podia aproveitar parte de si mesma, assim como o desenho ocupava apenas uma porção reduzida da folha. Representava um quadro estático, "peça de museu" pregada na parede, para todos admirarem. A sua história fazia menção a um movimento impulsivo, que era considerado danificador, pois "quebrava o vidro e rasgava o quadro". Penso que Marina se referia às forças instintivas que havia dentro dela e que insistiam em procurar se manifestar, apesar do esforço constante de manter o estado defensivo (o pintor do quadro sempre desenhava novamente o mesmo quadro, que mais uma vez se quebrava, e assim por diante).

Seu desenho me sugeria um quebra-cabeças, com as diversas pequenas partes encaixadas. Eu pensava que tínhamos um desafio pela frente: entrelaçar as diversas partes de si mesma de modo que resultasse um conjunto vivo e profundo, que lhe permitisse aproveitar de modo mais pleno seu potencial criativo.

Na Figura 3.2, que mostra o desenho de uma figura humana, podemos ver que a pessoa desenhada tem o topo da cabeça cortado, incompleto, e as pernas tortas. A história desse desenho era:

> *uma menina chamada Carolina. Ela era a mãe de um dos meninos que quebraram o quadro do museu. Ela deu uma bronca bem brava no filho dela, e deu quatro castigos porque ele quebrou o quadro.*

O título da história era "A mãe brava".

Marina expressava dessa forma a parte de si mesma que exercia um rígido controle sobre a sua parte espontânea e impulsiva, identificada com uma mãe severa e repressora. O quadro estático, a menina afável e que não dava trabalho, não poderia ser quebrado, pois enfureceria sua família e a colocaria em situação de extrema insegurança. O preço a pagar por isso era "a cabeça cortada", sua impossibilidade de poder pensar e funcionar de modo mais pleno. Esse arranjo psíquico resultava na dificuldade escolar, pois não podia contar consigo de forma inteira. Disso resultava uma autoimagem e autoestima danificadas e, por isso, Marina sempre achava que tudo que fazia "era feio".

Figura 3.2 Desenho da pessoa humana.

O desenho da família, na Figura 3.3, mostrava novamente uma menina com a cabeça cortada, e uma família que não tinha corpo, apenas cabeça. A história do desenho era

> *uma família. Os pais nunca tinham brigado com a filha. Aí um dia ela caiu na piscina. Ela tinha tropeçado. Ficou doente. Os pais dela ficaram muito bravos com ela, porque pensavam que ela tinha mergulhado. E ela*

não podia mergulhar na piscina porque estava com catapora. Quando ela melhorou, perguntou para o pai se ela podia entrar na piscina, e ele disse que não.

Título: "A filha doente".

Nessa história, Marina mostrava de modo claro que sentia uma impossibilidade por parte de seus pais de permitir com que pudesse mergulhar mais profundamente na sua especificidade. Sentia-se uma menina com uma eterna doença, a da menina adotiva, que estava relegada a viver superficialmente para preservar a harmonia e o seu lugar dentro da família. A família sem corpo era a representação desse viver que só podia acontecer pela metade.

Figura 3.3 Desenho da família intitulado "A filha doente".

Marina em busca de si mesma

O trabalho psicoterápico com Marina foi intenso, envolvente, e durou anos. Foi necessário um bom tempo até que ela sentisse confiança para sair de seu estado "gentil e superficial". Apenas quando sentiu mais confiança na nossa relação, Marina começou a fazer experimentações na psicoterapia que incluíam poder ser mais agressiva, espontânea e não ir ao encontro do que achava que eram as minhas expectativas. Fui acompanhando-a com paciência, procurando respeitar o seu ritmo próprio, mas ao mesmo tempo procurei dar-lhe um modelo vivo de analista, não me engessando com um estilo por demais interpretativo. Como ressalta Winnicott (1955-1956), no trabalho com pacientes que apresentam uma personalidade do tipo falso *self*, o *setting* se torna mais importante que a interpretação. O analista procura fornecer um cuidado *suficientemente bom*, que permite que o *self* verdadeiro possa ser capaz de se arriscar e se expressar.

Nas sessões, por meio de jogos com bola, brincadeiras com uma massa "que melecava tudo", jogos de cartas disputados e tantos outros recursos, foram-se abrindo portas para uma menina mais ativa e agressiva. A sobrevivência da nossa relação era fundamental para que isso ocorresse. Foram necessárias várias entrevistas com os pais para que pudessem aceitar as mudanças que vinham ocorrendo na filha. Não lhes era fácil lidar com uma menina mais rebelde e dona de si mesma.

Houve momentos bastante regressivos, nos quais ela me lembrava um bebê à procura de uma mãe na barriga da qual pudesse novamente se aninhar e crescer, como quando entrelaçava nossos nomes no papel, Marina e Gina, nas partes que coincidiam, uma dentro da outra. Durante um desses períodos regressivos, Marina chegava às suas sessões com horas de antecedência, e permanecia na sala de espera. Era como se quisesse experimentar estar comigo por muito mais tempo, fazer parte de minha vida, saber o que eu fazia quando eu não estava normalmente com ela.

Vivemos também momentos muito difíceis, nos quais a angústia de separação tomava conta do cenário, especialmente quando estávamos próximas de férias ou feriados. Para Winnicott, o paciente começa a recordar os fracassos originais do ambiente, e para isso utiliza os fracassos e falhas do analista. Creio que os meus fracassos, do ponto de vista da paciente, eram representados pelos momentos em que estávamos separadas e ela sofria intensos temores de que nos perderíamos, reeditando a separação ocorrida em relação à mãe biológica. Marina reagia com defesas maníacas e dizia que queria interromper a análise. Felizmente, pudemos ultrapassar de modo satisfatório esses momentos de tormenta, turbulentos, mas necessários. Nossa "adoção terapêutica" não dependia de que ela fosse "boazinha", e o fantasma do abandono pôde transitar entre nós sem destruir nossa relação.

A curiosidade reprimida

Desde o início Marina respondeu às minhas indagações sobre a sua origem dizendo que não tinha interesse em saber a sua história. Nunca falava com os pais sobre o assunto, e só se referia explicitamente à adoção comigo quando eu tomava a iniciativa. Na transferência, no entanto, esse tema era frequente entre nós. Chamava-me a atenção a distância com que mantinha o desejo de investigação dentro dela. Parecia que fazia parte daquele pedaço de cabeça cortado representado nas Figuras 3.2 e 3.3, descritas anteriormente.

Com o tempo, pudemos conversar mais a esse respeito. Certa vez, me propôs um jogo que tinha se tornado frequente no qual procurava me deixar curiosa. Eu lhe disse que ela queria que eu soubesse o que era sentir curiosidade, que eu a compreendesse em relação às coisas que ela também queria saber. Perguntei-lhe: "o que te dá curiosidade?" Ela respondeu, titubeando: "não sei...". Continuei: "diga a primeira coisa que te vem à cabeça...". Marina então disse: "por exemplo quem são meus pais verdadeiros...".

Passamos a conversar mais abertamente sobre esse assunto. Marina se deu conta de que tinha muito medo de que os pais adotivos ficassem bravos se lhes perguntasse algo sobre a adoção. Chamou-me a atenção a expressão por ela utilizada: "pais verdadeiros". Isso mostrava que no fundo sentia que sua filiação adotiva não era inteiramente legítima. Havia um laço de sangue que parecia ter mais importância do que ela normalmente procurava demonstrar.

Após um período em que conversamos muito a esse respeito, Marina chegou em uma sessão com um fone de ouvidos, ouvindo música. Tirou-o e me disse, animada: "tenho uma novidade para te contar! Falei com a minha mãe sobre eu ser adotiva!". Ela parecia muito contente por ter conseguido finalmente falar com a mãe sobre isso. Perguntei-lhe como foi, e ela contou:

> desliguei o rádio do carro, e disse para a minha mãe: quero conversar com você. Já que nenhuma de nós têm coragem de falar sobre isso, então eu vou falar: quero que você me conte tudo o que você sabe sobre mim. Aí a minha mãe falou.

Procurando encerrar esse assunto comigo, Marina me propôs então um jogo. Perguntei-lhe, curiosa com o desfecho da situação: "mas o que sua mãe te falou?". Ela contou laconicamente que a mãe lhe disse que não sabia nada sobre sua origem, e que quem poderia lhe dar informações era um médico distante da família, com quem tinham tido contato antes do nascimento de Marina. Acrescentou: "é, como você disse, nós fazíamos de conta que eu não era adotiva...". Perguntei-lhe o que iria fazer com essas informações, e ela respondeu que não tinha vontade de procurar a pessoa que poderia lhe contar algo sobre sua história. A seguir, colocou o fone nos ouvidos, e me ofereceu um deles para que eu também ouvisse a música que estava tocando. Propunha que encerrássemos a conversa e voltássemos a nossa atenção para o jogo e a melodia alienante que era irradiada pelo aparelho sonoro.

Pude perceber o movimento que a paciente procurara fazer ao se arriscar na pesquisa sobre sua origem com a mãe adotiva, que, no entanto, fechou as portas com a sua resposta evasiva. Eu sabia, a partir das entrevistas realizadas anteriormente com os pais, que a mãe tinha algumas informações sobre a genitora de Marina, e sonegou-as à filha. Provavelmente, sentiu-se muito angustiada com a curiosidade e a coragem de Marina, que trouxeram à baila fantasias de separação e ameaças de continuidade do vínculo. Além disso, o tema da esterilidade também se fazia presente. A mãe adotiva gostaria de fazer de conta de que entre ela e a filha não tinha havido um processo de adoção. A semelhança física entre as duas, requisito essencial para que Marina fosse adotada, contribuía para a negação do fato. Por outro lado, os canais não estavam totalmente fechados. Ela conseguiu sinalizar uma forma para que Marina fizesse sua investigação. Penso que, nesse momento, esse era o passo máximo que podia ser dado pela paciente. Talvez ela tenha sentido também a resistência da mãe e a sua expectativa de que continuasse sendo a "boa filha" e se calasse sobre esse assunto.

Havia uma música "muito chata", a da descontinuidade biológica e do mistério da origem, com todos os seus fantasmas, que a paciente gostaria de silenciar, e que ao mesmo tempo permanecia como um desafio a ser superado. Fazia parte da busca do verdadeiro *self* o enfrentamento da verdade sobre sua origem, a busca das raízes de sua identidade. Marina já estava caminhando para isso, mas não era um processo fácil, pois também trazia mudanças na sua relação com os pais adotivos.

O falso self e o "bom adotado"

O estabelecimento de um equilíbrio psíquico com uma organização defensiva maciça do tipo falso *self* depende de uma série de fatores, como foi mostrado anteriormente neste trabalho. A adoção não produz necessariamente esse tipo de casos, e nem está inevitavelmente ligada à patologia. Por outro lado, há características intrínsecas à dinâmica da família adotiva e às condições de separação da criança em relação aos genitores que funcionam como um fator de risco para que o quadro se estabeleça. Conhecer essas condições permite que se possa ajudar a todos os que estão envolvidos nesse processo a se desenvolver de forma mais equilibrada.

O trabalho psicoterápico e principalmente preventivo com as famílias adotivas tem se mostrado extremamente importante no sentido de estabelecer condições para que a criança adotiva não precise soterrar uma parte vital de si mesma. A adoção pode então ocorrer sem que a criança tenha que desempenhar o triste papel do "bom adotado". Afinal, a verdadeira filiação é incondicional, e se torna mais forte quando sobrevive à força das turbulências e à diversidade de movimentos que caracterizam o ser humano.

Referências

Deutsch, H. (1942). Algunas formas de transtorno emocional y su relación con la esquizofrenia. *Revista de Psicoanálisis, 25*, 413-431.

Diniz, J. S. (1993). *Este meu filho que eu não tive*. Porto: Afrontamento.

Freud, S. (1916-1917). Conferências introdutórias sobre psicanálise. In *Obras completas* (v. 16., trad. Jayme Salomão). Rio de Janeiro, Imago, 1980.

Joseph, B. (1975). O paciente de difícil acesso. In *Melanie Klein hoje:* desenvolvimento da teoria e técnica, artigos predominantemente técnicos (v. 2). Rio de Janeiro: Imago, 1990.

Levinzon, G. K. (1997). *A criança adotiva na clínica psicanalítica* (Tese de doutorado em Psicologia Clínica). Instituto de Psicologia da Universidade de São Paulo, São Paulo.

Levinzon, G. K. (1999). *A criança adotiva na psicoterapia psicanalítica.* São Paulo: Escuta.

Levinzon, G. K. (2004). *Adoção.* São Paulo: Casa do Psicólogo.

Lifton, B. J. (1994). *Journey of the adopted self: a quest for wholeness.* New York: Basic Books.

Winnicott, D. W. (1955-1956). Variedades clínicas da transferência. In *Textos selecionados:* da pediatria à psicanálise. Rio de Janeiro: Francisco Alves, 1988.

Winnicott, D. W. (1956). Preocupação materna primária. In *Textos selecionados:* da pediatria à psicanálise. Rio de Janeiro: Francisco Alves, 1988.

Winnicott, D. W. (1957). *A criança e seu mundo.* Rio de Janeiro: Zahar, 1985.

Winnicott, D. W. (1960a). Distorção do ego em termos do falso e verdadeiro *self.* In *O ambiente e os processos de maturação.* Porto Alegre: Artes Médicas, 1983.

Winnicott, D. W. (1960b) Teoria do relacionamento paterno-infantil. In *O ambiente e os processos de maturação.* Porto Alegre: Artes Médicas, 1983.

Winnicott, D. W. (1971b). *O brincar e a realidade*. Rio de Janeiro: Imago, 1975.

Winnicott, D. W. (1963). O medo do colapso (breakdown). In Winnicott, C. *Explorações psicanalíticas* (trad. José Octávio A. Abreu) (pp. 70-76). Porto Alegre: Artes Médicas Sul, 1994.

4. O trabalho psicanalítico com os pais na adoção: luzes e sombras

Alicia Dorado de Lisondo

> *Tenho em mim a verdade sentida e incompreendida*
> *Mas fechada em si mesma, que não posso*
> *Nem pensá-la. (Senti-la ninguém pode)*
>
> Fernando Pessoa

Sobre a função parental

Tendo em conta os aportes da física quântica, o princípio de incerteza e a teoria do caos, não é mais possível pensar em psicanálise como um modelo determinista e causal. Modelo este que, na história de nossa ciência-arte, na clínica, tem levado a inculpar os pais de forma explícita ou implícita pelos transtornos dos filhos.

"Com esses pais, João só podia vir a ser...", "Os pais interrompem o tratamento de Tomás... Não suportaram as mudanças...", "Eles não estavam prontos para adotar uma criança!!!". Esses comentários são frequentes entre analistas de crianças e adolescentes e revelam uma postura que inconscientemente pode aparecer na sala de análise.

72   O TRABALHO PSICANALÍTICO COM OS PAIS NA ADOÇÃO

Será que na vida de João não há outros tantos fatores presentes além da perturbação dos pais? Será que não existem dimensões desconhecidas, incognoscíveis, misteriosas na vida psíquica dessa criança que nós, analistas, não alcançamos? O profissional, como proteção ante a angustia de não saber, a dor ante uma interrupção anunciada, não apela para as perigosas falsas certezas: só podia...? O que significa estar pronto? Quem está pronto antes de fazer a experiência?

Na clínica da adoção, os mistérios, as incertezas, o desconhecido e o incognoscível se potencializam e podem configurar o sentimento de estranheza (Freud, 1919). Os pais adotivos não viveram a gravidez carnal do filho, não conhecem os pais biológicos (Levinzon, 2014). Há uma história prévia não compartilhada (Wilheim, 1996). Podem ter dados, informações, sempre insuficientes, ante o desejo voraz e negativo de conhecer[1] (-K), na esteira de Édipo ao querer saber a verdade, arrogantemente, a qualquer preço. Mas também, quando os pais podem criar um vínculo de conhecimento vital (K) com a história do filho, se defrontam com os limites do incognoscível.

A criança à espera de adoção pode ter sofrido traumas cumulativos de diferentes gravidades:

- sofrimento psíquico pré-natal (Bion, 1975, 1977);

- abandono dos pais biológicos;

- institucionalização no hospital, em abrigos, com a privação de uma atenção íntima, singular, contínua, qualificada, previsível, frequente, dos cuidadores. Às vezes, o bebê é atendido por vários profissionais no mesmo dia (Lisondo, 1999);

---

1   Bion (1962) postula três vínculos fundamentais: amor [L], ódio [H] e conhecimento [K]. O vínculo negativo [-K] busca a possessão do conhecimento com arrogância.

ADOÇÃO 73

- falta de segurança básica;

- privação da vivência de continuidade da existência;

- vivência prolongada de angústias catastróficas e de estados de não integração ou de desintegração;

- a instauração de graves defesas: *splitting, splitting forçado* (Bion, 1962), isolamento, desmantelamento, identificações adesivas (Meltzer, 1975), negação, idealização;

- potencialidades mentais congeladas, não realizadas ante a falta do outro compreensivo, continente, transformador, suficientemente bom (Lisondo, 2010);

- tropismos criativos (Bion, 1992) abortados, em quanto pode haver um aumento na intensidade nos tropismos de assassinato e o parasitário;

- a criação de um falso *self* para se sobre-adaptar (Levinzon, 2017);

- a falta de realização da preconcepção humana quando o bebê é interpretado como "paraquedista", "o pretinho", "o bichinho" pelo ambiente;

- anomia. Perpetuação da vivência de não existência (Maleval, 2017);

- a falta de "conclamação" (Alvarez, 1992) para convocar as potencialidades mentais, numa relação prazerosa compartilhada. Cito como exemplo o diálogo entre o balbucio do bebê e o *manhês* na aquisição da linguagem;

- a privação de vínculos de amor, ódio e conhecimento; com o aumento das idealizações, idolatrias, a crueldade, o fanatismo;

- a falta do terceiro: a função paterna (Fiorini, 2015);

- uma história transgeracional tóxica (Gampel, 2002);

74 O TRABALHO PSICANALÍTICO COM OS PAIS NA ADOÇÃO

- a constituição de um ser desvalorizado, impotente, desqualificado;

- traumas cumulativos (Freud, 1926) (Marucco, 2005);

- convivência com pais "mortos" (Green, 1988) nas funções parentais que potencializam no filho o desligamento da vida, ou seja, o trabalho do negativo (Green, 1993);

- outros fatores a investigar.

Esse filho exigirá, como alerta sabiamente (Winnicott, 1997), um esforço muito maior dos pais adotivos.

O casal, por sua vez, também pode ter chegado à adoção após uma travessia traumática:

- a dor ante a esterilidade;

- o sofrimento ante a menopausa, um limite vital;

- a frustração ante os tratamentos malsucedidos, com as técnicas de fertilização assistida;

- os preconceitos morais, ideológicos, religiosos, familiares, sociais a enfrentar, nas relações homo afetivas ou na monoparentalidade;

- o longo processo burocrático de tramites e espera, acompanhado pelas dúvidas, angustias e temores psíquicos, até ter o filho legalmente adotado;

- fantasias de ter roubado o bebê da mãe biológica e a busca inconsciente de castigo;

- ruptura das relações fraternas e familiares, quando os outros irmãos da mesma prole não são adotados e a consequente culpa (Kancyper, 2004);

- outros fatores a investigar.

Os pais podem não saber nem ter elaborado o próprio sofrimento ante os lutos que os condenam à repetição diabólica (Lisondo, 2014) dos traumas em carne viva.

A psicanálise contemporânea na sala de análise com os pais adotivos

Acorde com a psicanálise contemporânea, a pessoa do analista constitui o campo analítico (Ferro,1997,1999). Ele está implicado, de corpo e alma, na sala de análise, seja qual for seu objeto: o trabalho psicanalítico com os pais, as intervenções da relação bebê-família, psicanálise familiar, a psicanálise tradicional com crianças, adolescentes, adultos. Também será responsável, então, dos impasses e das dolorosas interrupções na clínica.

No trabalho com os pais, importa ter em conta que eles fazem parte do campo analítico, com o analista do filho. Só que eles não são nossos pacientes, nem eles têm solicitado explicitamente análise pessoal. Mais um paradoxo! Nossa identidade profissional, nunca acabada, nos permite intuir, conjeturar, trabalhar com nosso sonho Alfa (α) (Bion, 1992) para investigar as dimensões inconscientes presentes nos vínculos, as angústias, fantasias, defesas, ideais, que aparecem nesta nova relação inédita e assimétrica entre nós. O que dizer? Como dizer? Quando dizer? O que silenciar? Até quando esperar? Fazem que nossa ciência seja arte. Afortunadamente, não há manual de procedimento com técnicas predeterminadas (Ferro, 2008).

Os pais podem chegar defraudados, decepcionados, inculpados, com o narcisismo ferido ao perceber sonhos, ideais, expectativas não realizadas ante esse filho que denuncia, com os transtornos ou sintomas, constelações familiares perturbadoras. Às vezes, uma história de segredos e mentiras (Lisondo, 2014) (Bianchedi et al., 1997, 2001).

Vinheta

Recebo um casal de pais, ambos professores universitários, de um jovem adotado Cesar (C.) aos 6 meses de idade, hoje com 22 anos. Ele não consegue trabalhar, nem ingressar numa faculdade conceituada. Após a finalização do colegial, a família viaja à Europa, com C. O pai tinha uma bolsa de 6 meses para finalizar seu pós--doutorado em Londres. Em julho de 2014, os pais voltam para o Brasil. Era para C. ficar até o fim desse ano estudando inglês. Muito deprimido, começou a usar drogas pesadas. Um casal, amigo dos pais, também pesquisadores naquela cidade, com filhos jovens na mesma escola de inglês, advertiu o perigo de C. continuar sozinho nesse estado mental. Eles, impotentes, não podiam fazer quase nada por C., que estava isolado, não aceitava convites, não se alimentava, não escutava conselhos, faltava na escola, estava magérrimo, recu-sava a companhia dos amigos. Recebiam informações pelos filhos do casal de amigos de que C. estava muito mal acompanhado.

A mãe viaja a Londres e, ao constatar o estado do filho, em outubro retorna com C. ao Brasil muito decepcionada.

Mãe: Agora eu não aguento mais! Ele não é proativo. Precisa ser mandado a enviar os currículos, que eu digitei para ele. Ele não busca, não procura trabalho. Agora diz que nem quer tentar fazer o vestibular novamente.

Pai: Ele está muito deprimido. Há tempo ele está mal e a gente nunca procurou ajuda.

M: Minha vontade é colocar suas roupas para fora de casa e colocá-lo em contato com o mundo, com a crueldade da vida. Ele nada agradece. Já perdemos o curso de inglês em Londres, o dinheiro dos cursos para os vestibulares. Foi um esforço enorme conciliar as datas para irmos à Europa juntos!

O pai a abraça. Ela chora.

P: Assim o entregaremos aos leões. O que é que ele pode fazer sozinho em São Paulo? Ele depende da gente. De novo irá buscar drogas!

Analista: Sem dúvida, vocês têm oferecido muitas oportunidades de crescimento intelectual para ele, com muito esforço, como se ele fosse um jovem, só que parece que C. não tinha condições psíquicas para ficar no exterior, longe de vocês. Como se aparecesse um C. bebê, muito assustado, desesperado, ante essa nova separação.

M: Você acha que a história da adoção não está resolvida após 21 anos?

A: Não se trata de tempo. O que seria "estar resolvido"? Parece que feridas mal cicatrizadas voltaram a sangrar. Talvez ele tenha ficado apavorado longe de vocês, da família.

P: A questão agora é cuidar das feridas. Não é empurrá-lo para o mundo assim, sem condições.

A: Cuidar das feridas na alma, para que ele fortalecido possa assumir o que seja possível para ele na vida.

A mãe chora.

M: Eu sei que eu sou muito exigente. Só que eu não aguento ver ele às três horas da tarde jogado no sofá, assistindo TV. Enquanto eu estou quase sem dormir, com um paper para entregar; ele – olha para o marido – está corrigindo o currículo para se qualificar como professor titular! Eu falo mesmo que ele não vai ser ninguém na vida, um mané!

A: Para vocês pode ser difícil observar que C. está muito longe de realizar seus sonhos, expectativas... Ele está muito ferido e muito sofrido.

Não é que ele não quer... Ele não pode!

Comentários

Após várias entrevistas com os pais, o encontro com C. e uma entrevista familiar, foi possível iniciar a psicanálise do jovem-menino. Os pais conseguiram perceber que a questão não era a aprovação no vestibular, mas a possibilidade de ele vir a construir sua personalidade, cientes, os pais, da dolorosa realidade (Freud, 1911; Levinzon, 1999, 2004).

Os pais não tinham percebido o esforço de C. para viver num outro mundo – o ambiente dos pais adotivos (Winnicott,1997) – trauma que se repete ao ficar só no exterior quando num *breakdown* (Winnicott, 1982) apela às drogas, talvez buscando uma dependência, agora patológica (Rosenfeld, 2011). Cada exame vestibular era uma tortura para toda a família.

Há anos-luz das expectativas parentais, ele perpetuava e repetia o trauma de se afirmar em identidades negativas. Nelas, enraizava sua desvalorização: "ser um mané qualquer, um vagabundo, folgado!".

A chegada a um psicanalista é um momento sagrado. Por mais grave que seja a situação, há, nesse pedido de ajuda, a esperança de um encontro transformador. Nos cabe, às vezes, realizar uma *alfa-beti-zação* emocional para que os pais possam perceber a existência do psiquismo. Despertar a curiosidade para compreender aquilo que nos apresentam na linguagem verbal e pré-verbal (Roussillon,

2009) e aquilo que inconscientemente *fazem* com o profissional, com o filho, com as identificações projetivas cruzadas entre todos, numa complexa rede.

Conclamá-los a que sejam os melhores aliados na análise desse ser que tanto precisa deles. Investigar as expectativas, os medos, as resistências, as dúvidas, os receios para poder iniciar o tratamento. Instaurar um *setting* que permita o trabalho e mostrar aos pais o sentido dele. Desenvolver as funções parentais colapsadas, por terem sido arrasadas na dimensão narcísica; trabalho que conclama um processo de historização para mergulhar nas motivações da adoção. Sem esse percurso prévio ao início da análise, as interrupções e as atuações podem minar o tratamento.

A capacidade desses pais para perceber as próprias exigências e idealizações sobre o filho e a aproximação tão verdadeira quanto possível (Rezende, 1999), ao estado mental de C. permitiu uma outra compreensão do filho e o início da análise.

Importa perceber a qualidade das transformações que possam aparecer entre as entrevistas, mesmo quando microscópicas. No percurso dos encontros é possível delinear uma tendência. Na vinheta aparece uma ampliação da capacidade de pensar, representar, e modular as emoções. A curiosidade ante o sofrimento do filho, abre o portal da esperança.

O analista também precisa lidar com seus próprios ideais para não inculpar os pais, não deixar de respeitar o *timing*, o sofrimento, para enfrentar as necessárias mudanças catastróficas. O *infantil* neles pode perturbar as funções parentais, como no analista pode prejudicar à função analítica.

Quando os impasses aparecem

Pensar sobre uma sequência de sessões, no vínculo com a família, desde o início pode nos ajudar a encontrar, talvez, um raio de luz nas trevas para aprender com a penosa experiência e melhor cuidar de nossas ferramentas para poder enfrentar novos desafios na clínica. Nossas limitações humanas, profissionais, não podem ser um refúgio para albergar queixas melancólicas e paralisar a necessária caminhada.

Se uma hipótese, entre tantas outras, é que os pais não suportam a análise de Tomás (paciente mencionado no início deste capítulo), então a questão é refletir sobre qual é a parcela que o analista tem na construção dessa relação. Que fatores fariam o processo analítico do filho insuportável para eles naquele momento?

Não foi respeitado o *timing* daquilo que podia ser assimilado pelos progenitores nesse momento? Houve uma pressão para iniciar o processo, sem que os pais pudessem elaborar os sentidos da análise do filho em entrevistas prévias? Os pais estão desiludidos porque esperavam soluções rápidas e mágicas: respostas e resoluções? (Lisondo et al., 1996). As mudanças no filho contrariam suas expectativas? Os sinais de mudança psíquica – por exemplo, quando na criança, outrora adaptada com um falso *self* (Levinzon, 2017), aparece a raiva, o ódio, a agressividade – são avaliados por eles como agravo, piora do paciente? Eles se sentem acusados, inculpados? Interromper essa análise é salutar ou é uma atuação, implica uma explosão, uma evacuação de elementos Beta (β) (Bion, 1962). Quais as possibilidades de ampliar o continente e conquistar as condições mínimas para a empreitada?

Isso não quer dizer que o analista tenha a possibilidade de continuar todas as análises até o término. A fé científica no método e a esperança fazem parte de nossa caixa de ferramentas, como nossa personalidade suficientemente analisada para não desistir dos desafios e também para aceitar limites.

O paciente tem direito de ser paciente e de revelar seu ser. Cabe a nós, analistas, criar caminhos, estratégias, maneiras de chegar a ele onde ele estiver. Interrupções fazem parte do nosso *currículo* existencial e, com elas, muito podemos aprender, a exemplo do ensinamento dos mestres.

A interrupção da análise da paciente Dora, realizada por Freud (1905[1901]1976), o levou a descobrir a transferência. Essa postura epistemológica implica em focar na relação entre os responsáveis pela criança adotada, o paciente e o analista.

No exemplo apresentado, os pais precisavam trabalhar muito antes de iniciar a análise de C. para elaborar as hipóteses diagnósticas e o sentido da análise. Também era importante reconhecer os esforços realizados para oferecer aquilo que, para eles, era o melhor para C., mesmo quando estivessem quase cegos diante de sua realidade mental.

Des-identificar o filho do lugar de *vagabundo, desagradecido* e *folgado* para construir outros projetos identificatórios foi um bom trecho do percurso (Aulagnier, 1975). A mãe conseguiu aceitar seu nível de exigência nas perigosas águas do narcisismo (Freud, 1914) e, o pai, sua omissão.

A parte psicanalítica da personalidade dos pais pode aflorar para que eles possam perceber, amar, odiar e conhecer o filho, mesmo que ele seja muito diferente deles. Uma transformação no *ser* deles (Bion, 1965).

Parafraseando Fernando Pessoa: eles sentiam uma verdade que não podiam nem compreender nem pensar.

Referências

Alvarez, A. (1992). *Live company*: psychoanalytic psychotherapy with autistic, borderline, deprived and abused children. London; New York: Tavistock; Routledge.

Aulagnier, P. (1975). *A violência da interpretação: do criptograma ao enunciado*. Rio de Janeiro: Imago.

Bianchedi, E. T. (2001). Mentiras y falsedades. *Revista Psicoanálisis*, (1) XXIII (1).

Bianchedi, E. T., Bregazzi, C. et al. (1997). *As múltiplas caras da mentira*. Trabalho apresentado durante o Congreso Internacional del Centenario sobre la obra de W. R. Bion. Turim, Italia.

Bion, W. (1962). *Learning from experience* (Aprendiendo de la experiencia). Londres: W. Heinemann; Buenos Aires: Paidós, 1966.

Bion, W. (1965). *Transformations*: Change from Learnig to Growth. (Transformaciones: del aprendizaje al crecimiento). Londres: W. Heinemann, Centro Editor de América Latina, 1968.

Bion, W. (1971). *The Grid* (La Tabla). Brasil: Buenos Aires: Gedisa, 1982.

Bion, W. (1975). *La Cesura* (La Cesura). Buenos Aires: Gedisa, 1982.

Bion, W. (1975). *Book I*: The Dream (El sueño). Brasil: Imago.

Bion, W. (1977). *Two Papers*: The Grid and Cesura (La tabla y la cesura). Brasil: Imago.

Bion, W. (1977). *Book II*: The Past Presented (El pasado presente). Brasil: Imago.

Ferro, A. (1997). *Na sala de análise*. Rio de Janeiro: Imago.

ADOÇÃO 83

Ferro, A. (1999). *A psicanálise como literatura e terapia*. Rio de Janeiro: Imago.

Ferro, A. (2008). *Técnica e criatividade*: a trabalho analítico. Rio de Janeiro: Imago.

Freud, S. (1905[1901]). Fragmento de análisis de un caso de histeria. In: *Obras completas* (v. VII). pp. 1-98. Buenos Aires: Amorrortu Editores, 1976.

Freud, S. (1911). Formulaciones sobre los dos principios del acaecer psíquico. In *Obras completas* (v. XII). Buenos Aires: Amorrortu Editores, 1976.

Freud, S. (1914). Introducción al narcisismo. In *Obras completas* (v. XIV). Buenos Aires: Amorrortu Editores, 1976.

Freud, S. (1919). Lo ominoso. In *Obras completas* (v. XVII). Buenos Aires: Amorrortu Editores, 1976.

Freud, S. (1926). Inhibición, síntoma y angustia. In *Obras completas* (v. XX). Buenos Aires: Amorrortu Editores, 1976.

Gampel, Y. (2002). El dolor de lo social. In Revista de Psicoanálisis, *24*(1-2), pp. 17-43.

Green, A. (1993). *Le travail du négatif*. Paris: Les Editions de Minuit.

Green, A. (1995). *La metapsicologia revisitada: pulsión, representación, objeto, yo, realidad*. Buenos Aires: Eudeba, 1996.

Green, A. (1988). A mãe morta. In Green, A. *Narcisismo de vida, narcisismo de morte*. São Paulo: Escuta.

Green, A. (1983). La mère morte. In Green, A. *Narcissisme de vie, narcissisme de mort*. Paris: Ed. de Minuit.

Kancyper, L. (2004). *El complexo fraterno estudio psicoanalítico*. Buenos Aires: Lumen.

Levinzon, G. (1999). *A criança adotiva na psicoterapia psicanalítica*. São Paulo: Escuta.

Levinzon, G. (2004). *Adoção clínica psicanalítica*. São Paulo: Casa do Psicólogo.

Levinzon, G. (2014). Adoção e transmissão psíquica. In Levisky, R. B., Gomes, I. C., & Fernandes, M. I. A. (Org.). Diálogos psicanalíticos sobre família e casal. São Paulo: Zagodoni.

Levinzon, G. (2017). *A criança adotada e o falso self.* Congresso Febrapsi Fortaleza.

Lisondo, A. B. D. et al. (1996). Psicanálise de crianças: um terreno minado? *Revista Brasileira de Psicanálise, 30*(1), 9-26.

Lisondo, A. B. D. et al. (2010). Rêverie re-visitado. *Revista Brasileira de Psicanálise, 44*(4), pp. 67-84.

Lisondo, A. B. D. et al. (2012). *O* desamparo catastrófico ante a privação das funções parentais: na adoção, a esperança ao encontrar o objeto transformador. *Revista Desamparo, 19*(2), 367-394.

Lisondo, A. B. D. et al. (1999). Travessia da adoção: a ferida na alma do bebê. *Revista Brasileira de Psicanálise, 33*(3), 495-514.

Lisondo, A. B. D. et al. (2010). O poder da verdade: segredos, mentiras, traumas sangrantes no filme Incêndios (2010), de Denis Villeneuve. *Revista IDE, 38*(60), 67-82.

Maleval, J. C. (2017). *O autista e sua voz*. São Paulo: Blucher.

Marucco, N. C. (2005). Actualización del concepto de trauma en la clínica psicoanalítica. *Revista de Psicoanálisis, 63*(3), 9-19.

Meltzer, D. (1975). *Explorations in autism*. London: Clunie Press.

Fiorini, L. G. (2015). *La diferencia sexual en debate*: cuerpos, deseos y ficciones. Buenos Aires: Lugar Editorial.

Rezende, A. M. (1999). *A questão da verdade na investigação psicanalítica*. São Paulo: Papirus.

Rosenfeld, D. (2011). *El alma, la mente y el psicoanalista*. México: Paradiso.

Roussillon, R. (2009). A associatividade e as linguagens não verbais. *Revista de Psicanálise da* SPPA, *16*(1), 143-165.

Wilheim, J. (1996). Psiquismo pré-natal e pós-natal: transições. In Junqueira Filho, L. C. U. (Org.) *Silêncios e luzes: sobre a experiência psíquica do vazio e da forma*. São Paulo: Casa do Psicólogo, pp. 21-23.

Winnicott, D. W. (1982). El temor al derrumbe. *Revista de Psicoanálisis*, (2).

Winnicott, D. W. (1997a). Duas crianças adotadas. In Winnicott, D. W. *Pensando sobre crianças* (trad. Maria A. V. Veronese). Porto Alegre: Artes Médicas, pp. 115-125.

Winnicott, D. W. (1997b). A adolescência das crianças adotadas. In Winnicott, D. W. *Pensando sobre crianças* (trad. Maria A. V. Veronese). Porto Alegre: Artes Médicas, pp. 131-142.

5. A transmissão inconsciente da mãe adotante ao filho adotivo

Eva Barbara Rotenberg

Introdução

No século XXI, a psicanálise tem novos interlocutores, as ciências estudam os mesmos fenômenos, embora não sejam idênticos, mas a partir de diferentes bases teóricas. Apesar de que todas as facetas são importantes, creio necessário ratificar a importância da explicação psicanalítica que, muitas vezes, parece ficar em segundo plano, inclusive por alguns colegas mais biologistas. Sem por isso ignorar o aporte de outras ciências, sabendo que nenhuma explica tudo.

Por exemplo, se quisermos falar de transmissão, as neurociências ou a genética terão a sua hipótese, muitas demonstradas e outras quase demonstradas. As teorias científicas são hipóteses que podem ser ratificadas ou superadas diante dos novos conhecimentos. Como explicação de muitos fenômenos humanos, há teorias neurocientíficas que examinam a transmissão de geração para geração. Proponho-me a mostrar, neste capítulo, a importância da especificidade da psicanálise e do inconsciente como transmissor, sem intervenção genética.

Quero salientar a importância da intersubjetividade na formação da mente humana e mostrar formas de transmissão que vão além do corpo. Como poderíamos, se não for assim, diferenciar o tempo real da temporalidade histórica, que não é só passado, mas que pode ser presente e transpassar o outro no seu psiquismo?

A memória do fantasma, a memória do negativo, a memória traumática, a memória da história familiar, uma memória sem palavras, mas transmissível.

A memória, o inconsciente de uma geração, não pode ser material associativo na sessão, porque pertence às vivências do outro. Entretanto, é material transmissível que gera muitos efeitos nos outros e este é o novo desafio que nós, terapeutas, enfrentamos atualmente. É um novo paradigma em psicanálise.

Objetivos

Interessa-me apresentar esse caso de adoção como escusa para pensar diferentes processos mentais.

Ao tratar-se de um filho adotado, claramente não está em jogo a hipótese da transmissão genética, mas, como veremos, o ódio foi veiculado por meio das gerações desde uma trama de interdependências patógenas que em uma família podem geram doenças (García Badaracco, 1970). O ódio na família fez com que essa senhora decidisse adotar em vez de ter seu bebê naturalmente. Esse sentimento que ela tinha era produto de traumas, pois seus próprios pais não puderam acalentá-la quando era bebê. Eles eram soviéticos que fugiram de seu país, pois eram perseguidos pelo partido comunista. Ter um filho biológico reavivava essas vivências terrivelmente dolorosas.

Ódio, pulsão de morte, melhor dizendo, o que não foi resolvido pela mãe recai sobre o bebê impedindo a construção de si mesmo. A sombra do objeto a que Freud faz alusão em *Luto e melancolia* é a que recai sobre o ego (neste caso do filho), impedindo-lhe de desenvolver seu próprio eu verdadeiro.

Podemos ver, a partir de diferentes disciplinas, que a transmissão inconsciente não tem menos poder que a genética, mediada pelos neurotransmissores.

Adotar um filho

Neste trabalho, proponho-me a desenvolver e mostrar que nem toda adoção implica um desejo autêntico de filho e, como psicanalistas, se queremos ajudar para que uma família possa construir uma intimidade entre pais e filho, devemos questionar o desejo inconsciente que mobiliza a adoção. Nem sempre o adulto torna-se progenitor, nem a criança, filho.

Entendo a adoção como o processo de gerar um encontro afetivo íntimo, como é a construção de mundos compartilhados, no qual, ao mesmo tempo, acontece o paradoxo de alojar a diferença. Isto é, que os adultos considerem ao filho como outro, como sujeito e, ao mesmo tempo, ter uma conexão tão profunda, criando um apego seguro, que possibilite o encontro afetivo e a captação de suas necessidades.

Adotar pode ser apenas um ato jurídico que marca uma filiação e, então, será uma adoção falida.

90   A TRANSMISSÃO INCONSCIENTE...

Diferente é a adoção que permite receber ao outro com sua singularidade e sua história, abrigar um bebê ou criança no lugar do filho, receber é dar lugar desde uma função parental. Adotar é construir uma trama que marca, tanto aquele que recebe, que dá as boas-vindas, como aquele que advém. Como pensar esse receber que dá e desde onde?

Qual é o desejo de filho? Por que a procura de alguém no qual o que prevalece é definidamente que haja diferença genética?

Adotar um filho tem tantas significações que motivam esse ato, como singularidades que não se repetem em cada caso, nem sempre coincidente com o desejo autêntico de um filho.

Caso clínico

Uma senhora de 55 anos, com bom nível intelectual, muito angustiada, chega ao Grupo de Psicanálise Multifamiliar da Asociación Psicoanalítica Argentina (APA), coordenado pelo Dr. Jorge García Badaracco e sua equipe, da qual fiz parte.

O motivo da consulta se deve ao fato de que não aceita que seu único filho, de 24 anos, esteja convivendo com uma mulher que poderia ser sua mãe, muito mais velha que ele. Ela comenta que ele foi adotado quando era bebê.

Esclarece que foi por sua própria decisão, porque ela podia engravidar, mas odiava tanto os seus pais que tinha pavor de transmitir isso a um filho biológico, o ódio por meio dos genes. Ou que o filho herdasse geneticamente algum aspecto de seus avós ou dela mesma. Essa frase proferida por uma mulher preparada repercutiu fortemente em mim. Senti que seu ódio ainda estava intensamente ativo!

A angústia e o motivo da consulta, segundo ela, deve-se que o filho sai com uma mulher 20 anos mais velha que ele e, como a mãe, isto é, ela, o proibiu, o filho preferiu continuar com sua companheira e deixou de ver a mãe.

No momento da consulta, ela parecia estar alienada, não conseguia escutar nenhuma intervenção que tentasse lhe mostrar um matiz diferente do que pensava. Comenta que, durante muitos anos, fez várias terapias e nenhuma deu resultado.

Esta senhora adotou uma criança, mas não pôde abrigá-lo como criança. A criança abandonada por seus pais, como ela mesma se sentiu, não permitiu que ela se assumisse como mãe.

Quando a história materna obstrui o novo, sem deixar espaço

Nesse caso, a história materna não sofreu o processo de repressão, nem de elaboração e está tão presente que obstrui o novo, o diferente. O psiquismo é um sistema de transformação, de ressignificação pelo qual se pode pôr em questão o próprio passado, tendo em conta novas visões a partir das vivências atuais. Quando o passado não pode ser revisitado, quando não têm palavras para ser pensado, continua ativo e, frequentemente, deixa a tarefa de ser pensado para outro, geralmente um filho, se este pode, senão, provavelmente, adoecerá. O psiquismo do filho fica tão cheio dos conteúdos não processados do outro, que fica vazio de si mesmo, da possibilidade de desenvolver seu verdadeiro *self*.

Em certos vínculos nos quais prevaleceu o traumático, como nesse caso, o ódio foi a investidura, o transmissor, a pura pulsão de morte, atualizado nesse novo vínculo. Que ironia: adotou para não repetir! E sua vida é repetição.

No Complexo de Édipo e de Narciso (Rotenberg, 2016), explica-se que quando os pais estão em uma posição narcisista fanática, em vez de funcionar como um espelho constitutivo imaginário que reflita o filho, o filho deve refletir aos seus pais um olhar que devolva para eles a sensação de plenitude, de que restauram "as falhas de seus próprios pais", isto é, que são pais perfeitos! Desmentida da castração por um lado, falta de elaboração dos traumas infantis e dos herdados. O filho fica capturado na necessidade de completude materna.

É importante trabalhar esses casos, dentro do possível, em uma trama intersubjetiva, porque o outro é o portador do depositado. Em um livro anterior, Rotenberg (2016) explicou o que é o abjeto, diferenciando-o do sinistro. Freud diz em seu texto sobre o sinistro que se faz consciente um conteúdo dissociado do próprio sujeito. Mas nos casos da transmissão do trauma, proponho que se trata do abjeto, porque é o sinistro do outro que se manifesta, não o de si mesmo.

O bebê que é dado em adoção sofre uma separação da mulher que o gestou e, com isso, uma descontinuidade sensorial que desde já é disruptiva para a criança que ainda não pode "pensar", não conta com um ego que possa metabolizar as experiências e manter o seu psiquismo.

Anzieu (1987) diz que, assim como "a pele envolve o corpo, por analogia com a pele, o ego envolve o psiquismo, por analogia com o ego, o pensamento envolve os pensamentos". "Pensar é abraçar uma questão. Antes de abraçar é preciso ter sido abraçado."

A mulher adotante deve construir a possibilidade de abraçar, acolher. O ninho possui um vão, um espaço que contém, mas se está cheio não pode acolher, não pode alojar. O bebê, nesse caso, encontra-se com uma sensação de vazio, de não ter um lugar. O que o filho dessa senhora vivencia é o negativo do encontro afetivo com uma mãe.

Sabemos por Lacan e Winnicott a importância do olhar da mãe como um ato psíquico intersubjetivo estruturante na constituição da mente do filho. Neste caso, a mãe que adota um bebê porque não quer transmitir geneticamente o ódio de que ela é portadora, como poderá ver o seu filho? Ela não pode distinguir que ela mesma é portadora de um afeto como é o ódio que é antilibidinal, anti-encontro amoroso, anti-integração psíquica.

Parece que essa mulher projetou um filho idealizado, que lhe devolvesse um olhar subjetivante. Um olhar que a colocasse como a *mãe*, a mãe que gostaria de ter tido e que acreditou ser para o seu filho.

A escolha da companheira do filho e a distância que ele coloca, entre ele e a sua mãe, devolvem para ela um espelho que reflete um aspecto sinistro de si mesma. Ela não só é portadora do ódio, senão que o seu filho a odeia tanto ou mais que ela aos seus pais.

Um enquadramento ampliado

No transcurso dos primeiros meses, a essa senhora expressava sua falta de desconsolação, sua angústia sem fim. Escutávamos ela relatar que seus pais foram perseguidos na União Soviética e que sentiam ódio e desconfiança do partido comunista, mas também desconfiavam de todos; com certeza, como forma de se preservarem e como resultado de suas vivências.

Por circunstâncias que não interessa detalhar aqui, conseguem sair e vir para à Argentina, onde refazem a sua vida e nasce esta mulher. Provavelmente continuavam traumatizados, sem saber o idioma e não conseguiram estabelecer um apego seguro com a sua filha. Apenas transmitiram amor para ela, mas, ao mesmo tempo, um ódio sem objeto definido. Em todo caso, o ódio vivenciado no seio familiar durante sua infância e adolescência tinha explicação a partir das vivências de seus pais, porém, não tinha sentido para ela, pensava que o ódio era constitutivo familiar. Ela pensou que se tivesse um filho biológico isso seria transmissível geneticamente.

Ela mamou ódio. No momento da consulta, seus pais já haviam falecido, mas o seu ódio continuava vigente, ela também odiava. Decide não ter um filho biológico para não lhe transmitir seu ódio e que seu filho não a odiasse como ela aos seus pais.

O passado vivenciado, sem representação-palavra, atualiza-se desde uma memória vivencial (Mitre, 2007), com zonas não representadas, tanto sobre sua própria história como a que herdou.

A mente inclui uma organização temporária que, embora conserve o passado vivido, reprimido, transformado, ressignificado *après coup*, deve garantir a possibilidade da continuidade existencial, aproveitar o passado para continuar construindo um presente e um futuro. Às vezes, a mente está mais habitada pelo inconsciente mudo, o inconsciente herdado, transmitido transgeracionalmente, impedindo de processar as vivências pessoais.

Se o passado é sempre presente, impede de registrar o novo, o diferente e interpreta a realidade desde a réplica do passado. Podemos pensar que é uma espécie de interpretação delirante do mundo que pode passar desapercebido, em que ilusoriamente a temporalidade se detém? Não há presente nem futuro, apenas repetição.

Esse pseudodelírio que transcorre disfarçadamente afeta o reconhecimento do outro como diferente. Será por isso que o filho forma um casal/mamãe? Necessitando construir, em determinada idade, um vínculo amoroso de apego, que lhe permita transformar o ódio em outro afeto pulsional vital?

Intervenção

Todos nós tentávamos aportar alguma intervenção que a resgatasse de seu próprio ódio, mas sempre era descartada e desvalorizada. Sempre queria ter razão e mantinha o seu baluarte narcisista, como nos diz Baranger e Baranger (1961), como única possibilidade.

Depois de muitos meses parecia que, enquanto outros pacientes muito mais graves melhoravam notavelmente, ela continuava igual, desprezando as intervenções; embora dissesse que, por algum motivo, vir lhe fazia bem.

Para a nossa surpresa, em uma sessão, quando a Sra. X ia intervir e já se notavam os seus gestos faciais de desaprovação, o Dr. García Badaracco disse:

> *Sra. X, a senhora está proibida de falar, se quer continuar vindo aqui vai ser apenas para escutar. A senhora vem aqui para nos dizer que nada está bem, como seus pais não foram bons com senhora e que seu ódio continua tão forte como sempre (repetição na transferência).*

Ela ficou gelada e quis dizer alguma coisa, mas G. Badaracco a impediu com firmeza. Todos nós ficamos gelados! Um psicanalista que diz para uma paciente que não fale? Era algo impensável!

Após Grupo

O Após Grupo é um espaço que nós, os profissionais e estudantes, temos, quando as famílias que vêm à consulta vão embora, para elaborar, pensar e discutir teoria e intervenções.

Esse dia, G. Badaracco disse para nós: "a Sra. X é um caso de perversão da mente, como dizia Meltzer, só quer ter razão para destruir o bom que lhe podemos dar e ficar presa no seu próprio ódio".

Um ano depois

Para nossa surpresa, a Sra. X continuou vindo, mas não dizia nada. Estava acostumada ao esforço dos outros para ajudá-la, nunca ninguém a tinha freado.

G. Badaracco pôs um freio à sua pulsão de morte, ao seu ódio devastador que envolvia a todo o grupo. Exerceu a função que denomino "terceiridade" (Rotenberg, 2014) e que alguns denominam função paterna.

Certo dia, um ano depois, ela levanta a mão para falar. G. Badaracco lhe dá a palavra e, para surpresa de todos nós (o grupo era constituído por mais ou menos cinquenta pessoas, entre pacientes, famílias, profissionais e estudantes), a Sra. X que começou a falar era outra pessoa.

Durante o ano em que esteve calada, fez um processo terapêutico, foi se transformando, pôde realmente começar a descobrir o que é escutar o outro, sem querer ter razão. Escutar para resgatar algo para si mesma. Conseguiu criar um espaço para algo diferente na sua mente.

A partir dessa mudança psíquica, começou a tentar se vincular com o seu filho e conseguiu. O filho foi descobrindo outra mãe, alguém que podia respeitá-lo e reconhecê-lo. A mãe pôde cuidar das interdependências que haviam sido tão enfermas, e que agora podiam ser saudáveis, no enredo familiar.Contou que deixou a primeira mensagem ao filho pedindo desculpas, disse-lhe que nunca se havia dado conta de quanto ele tinha sofrido na infância. O filho nunca veio ao grupo, mas os outros foram sendo as vozes e os espelhos transformadores do ódio no encontro afetivo.

Suas moções anímicas tão disruptivas puderam ser transformadas no grupo, o que antes para a Sra. X era a verdade e regulava a sua vida começou a ser ressignificado e a ser reprimido, o que permaneceu como atual durante anos, passou paulatinamente a ser uma lembrança.

Para finalizar

Quero ressaltar a vigência da psicanálise, a importância da transmissão psíquica sem representação palavra e sem recordação.

O enquadramento terapêutico ampliado, o grupo, foi fundamental nesse processo. Em uma terapia individual teria sido impossível e sem sentido dizer para a paciente que não falasse. As intervenções dos outros tornaram possível que fosse dado sentido às moções sem representações palavra, em que só prevalecia o ódio foi se enchendo de recordações e lágrimas.

Os seus pais não quiseram lhe transmitir as recordações dos seus traumas, por isso quase não falavam na família, mas, diariamente se sentia o ódio presente. A Sra. X. pôde construir mais recursos internos para enfrentar as vivências infantis e perdoar os seus pais, perdoando-se a si mesma.

Referências

Anzieu, D. (1987). *El Yo piel*. Madrid: Biblioteca Nueva.

Baranger, M. & Baranger W. (1961). La situación analítica como campo dinámico. *Revista Uruguaya de Psicoanálisis*, 4(1), 3-54.

García Badaracco, J. (2010). *Cambio psíquico.* Trabalho inédito, não publicado.

García Badaracco, J. (1966). *Consideraciones teóricas sobre el proceso psicoanalítico* (não publicado).

García Badaracco, J. & Canevaro (1970). La reacción terapéutica negativa y la influencia familiar en *Patología y Terapéutica del Grupo Familiar, Actas del Primer Congreso Argentino de Psicopatología del Grupo Familiar*, Buenos Aires, Editorial Fundación ACTA, pp. 221-225.

Mitre, M. E. (2007). *Las voces de la locura.* Buenos Aires: Sudamericana.

Rotenberg, E. (2004). *Adopción: El nido anhelado.* Buenos Aires: Lugar.

Rotenberg, E. (2014). *La función parental verdadero self, base de la integración del yo:* parentalidades, interdependencias transformadoras entre padres e hijos. Buenos Aires: Lugar Editorial.

Rotenberg, E. & Agrest, B. (2014) *Elaborar el dolor para favorecer el cambio emocional.* Adopciones. Cambios y complejidades. Nuevos aportes. Buenos Aires: Lugar Editorial.

6. As falhas da adoção no casal parental

Cynthia Ladvocat

O mundo subjetivo tem para a criança a desvantagem de, embora podendo ser ideal, pode ser também cruel e persecutório

Winnicott, 2005

Introdução

A passagem do casal conjugal para o parental é um momento importante no ciclo vital, pois é impossível falar de um filho sem levar em conta o lugar que ele ocupa na fantasia dos pais. A subjetividade de cada membro tem relação com os fatores conscientes e inconscientes do pacto conjugal na superposição das suas histórias de vida. O casal inevitavelmente se defronta com emoções que envolvem uma mistura de fantasia e realidade. No cruzamento desses dois mundos, encontramos mitos familiares transgeracionais sobre o significado acerca da parentalidade, suas tramas manifestas e latentes. Frente ao desejo de ter filhos, os futuros pais revivem a função exercida por seus próprios pais e o lugar exercido por eles como filhos.

100 AS FALHAS DA ADOÇÃO NO CASAL PARENTAL

A busca de homens e mulheres pela gestação mostra o valor da hereditariedade que atravessa a história da nossa cultura. A parentalidade biológica ainda é valorizada em detrimento da adotiva pelos laços hereditários que possam afetar a saúde física, mental e comportamental da criança, e, principalmente, pela sua curiosidade sobre a história pré-adotiva.

Os futuros pais se dirigem a Varas de Infância e Juventude (VIJ) para a adoção de um filho. São informados que devem se inscrever no processo de habilitação de uma criança, cujos pais biológicos estão suspensos ou em vias de perder o poder familiar. Participam de reuniões no sentido de uma conciliação entre as características da criança desejada, em geral com menos de 2 anos de idade, com o perfil da criança real e disponível para ser adotada.

A autora trabalhou durante muitos anos em consultório e em colaboração com técnicos judiciários no atendimento individual e de grupo com pessoas que desejavam adotar. Em geral, os postulantes não habilitados reagem mal quando são indicados para um grupo de reflexão junto a outros pais impossibilitados naquele momento para a adoção de uma criança. No entanto, após um tempo de elaboração terapêutica sobre suas dificuldades e ambivalências, eles podem solicitar uma nova avaliação da sua condição de adotantes.

No caso dos postulantes que recebem a habilitação, eles são incluídos no Cadastro Nacional de Adoção (CNA) para aguardarem a indicação de uma criança. Pelo necessário rigor dos procedimentos jurídicos, é longo o tempo de espera por um filho. As recentes reportagens na imprensa apontam 38 mil pais habilitados para sete mil crianças disponíveis para a adoção. Esses dados mostram que o perfil dos pais postulantes sobre um filho a ser adotado está defasado em relação à realidade brasileira. A adoção de crianças, que não atendem às expectativas de postulantes interessados residentes no Brasil, poderá ser então indicada para a adoção internacional.

As falhas das políticas públicas comprometem o sistema de abrigamento e afetam diretamente 40 mil crianças e adolescentes institucionalizadas, em que a maioria possui laços jurídicos com a família de origem, mas não pode retornar para sua casa. Faz-se necessário agilizar as ações de reintegração familiar. E no caso das crianças que não podem ser reintegradas, deve ser avaliada a disponibilidade de serem adotadas. Importante remarcar que as adoções não visam fornecer um filho para um indivíduo ou um casal, e sim providenciar com urgência pais para uma criança que foi abandonada ou que não pode retornar para sua família.

As falhas nas motivações para a adoção

A infertilidade e a opção dos pais para a parentalidade pelas vias da adoção podem ser suficientemente elaboradas e não necessariamente comprometerem as suas vidas e nem a convivência com os filhos. Entretanto, podemos identificar precocemente alguns fatores que podem contribuir para as falhas da adoção, como a reação à impossibilidade da gestação, que representaria a falta de um filho com os traços das gerações antecessoras. O trabalho preventivo sobre as motivações para a adoção é extremamente válido para tratar das razões manifestas, que podem ser equivocamente humanitárias, na busca de uma criança para que ela não sofra as consequências do abandono. E, principalmente, sobre as razões latentes, inconscientes e patológicas avaliadas na subjetividade do casal.

Segundo Gali (2002), os casais que buscam a reprodução assistida revelam uma infertilidade que demanda a cura do corpo com profundas cicatrizes também no psiquismo. A incapacidade para gerar é uma ferida que, mesmo após diversas tentativas sem resultado positivo, pode ainda persistir o desejo pela fecundação. Quando a mente não consegue enfrentar o sofrimento por um filho perdido, as marcas do insucesso e as repercussões negativas podem interferir na relação com o filho que será adotado.

Para Hamad (2002), se o luto pela gestação não está suficientemente elaborado, podem surgir sentimentos conflituosos e ambivalentes sobre uma criança de origem incerta, de genética desconhecida, que traz as marcas da ilegitimidade. O casal que sofre pela necessidade de um filho, vive a ausência de um filho perdido com a herança biológica dos pais. Porém, na maternidade adotiva, os pais têm a possibilidade de encontrar seu filho real.

O filho biológico é continuação dos pais imaginariamente e, de acordo com Dolto (1998), o filho adotivo não representa uma continuidade natural. A impossibilidade da gestação implica na necessidade de uma fecundidade simbólica na busca por um filho adotivo, que deve ser encontrado, simbolicamente, na cultura e na linguagem. É um trabalho que diz respeito às fantasias, principalmente em mães cujo imaginário não encontra uma criança com a qual possa se identificar.

Para Kernberg (1978), os profissionais que habilitam pais para a adoção têm o poder de fada madrinha que entrega a criança ou de bruxa má que não os aprova como pais. Enfatiza a análise das fantasias da mãe adotiva que se identifica como infértil e boa, e sobre a mãe biológica, fértil e pecadora, e considera que essa futura mãe briga com sua própria mãe pelo seu direito a um filho. Essa mãe postulante ou adotiva se ressente de não poder gerar e rivaliza com todas as outras as mães férteis e verdadeiras, ou seja, a mãe biológica da criança, a sua própria mãe, as suas amigas que possuem filhos e inclusive a mãe-analista.

A futura mãe adotiva pode se defender dos seus sentimentos conflituosos por meio de uma competição imaginária com a mãe de origem, que representaria a que abandonou e rejeitou. O levantamento das expectativas e receios sobre a adoção pode apontar questões desconhecidas sobre os significados da parentalidade adotiva, que podem afetar o funcionamento intersubjetivo dos membros do casal. Alguns casais entram em sérios conflitos frente a uma avaliação cuidadosa das razões explícitas e implícitas que os move em busca da adoção de um filho. O entendimento das motivações para a adoção identifica o desejo ou uma necessidade por uma criança. As razões sobre o porquê uma pessoa pode precisar de um filho contribuem para uma compreensão das falhas na relação com o filho adotivo. A motivação valorizada e legítima para a parentalidade adotiva refere-se, principalmente, à capacidade e flexibilidade da função parental no desejo genuíno de ser pai ou ser mãe.

As falhas sobre as origens da criança adotada

Apesar da evolução e mudanças na nossa cultura, ainda encontramos famílias que omitem que a criança foi adotada ou sobre suas origens. A biografia da criança inclui no tempo real a vida gestacional, seu nascimento, a relação com a mãe biológica, o rompimento desse contato e a instituição de acolhimento. Durante o período migratório, a criança vive um limbo, um tempo que não inclui os pais adotivos (Kernberg, 1978). A autora identifica nos pais um período de limbo pela espera do filho a ser adotado. Esse tempo da criança sem registro e sem a presença dos pais adotivos pode contribuir para as inseguranças e dúvidas sobre a importância da sua função parental para seus filhos. Eles podem valorizar os laços de sangue e temer um congelamento na transmissão dos valores da família adotiva.

104 AS FALHAS DA ADOÇÃO NO CASAL PARENTAL

Na prática, verificamos como são escassas as informações de crianças que foram abandonadas ou retiradas de suas famílias de origem. No caso das crianças abrigadas, os prontuários da justiça ou dos abrigos deveriam registrar fatos sobre o histórico de vida da criança, com informações, fotos e acontecimentos significativos para serem transmitidos por ocasião da saída da criança do abrigo. De maneira geral, os dados sobre a criança na vida pré-adotiva se apresentam com lacunas na sua biografia. A escassez ou a omissão dos fatos do período antes da adoção deverá ser tratada pelos pais como uma realidade da história da criança.

Alguns pais se interessam em buscar mais informações sobre a criança, pois sabem da importância que poderá representar esses dados no futuro. Eles se preocupam em organizar álbuns com uma linha da vida construída a partir de fatos registrados, lembrados, fantasiados e até ludicamente imaginados junto do filho adotivo.

Outros pais preferem considerar que a vida da criança inicia após ela ser adotada. Podemos perceber que os pais que rejeitam a biografia da criança terão dificuldades em lidar com os temas correlatos à origem da criança. Esses pais revelam muitos receios sobre conhecer essas informações ou sobre a falta delas, pelo contexto de sofrimento e de abandono. Podem se sentir sem o direito legítimo sobre a criança e preferem nada saber para não ter o que revelar.

O receio dos pais sobre a história da criança pode explicar uma preferência por recém-nascidos, ou seja, por uma criança com pouco ou nenhum contato com sua família biológica. Os pais podem preferir uma criança nascida em outro estado, como se uma região bem distante os protegesse do contato com as origens, ou até fornecer a informação falsa de que os pais biológicos morreram. Eles podem viver uma vida inteira com a fantasia persecutória da história pregressa da criança. E, inclusive, rejeitam um comportamento da criança se eles imaginam ser resultado de sua hereditariedade. As falhas dos pais são identificadas quando eles marcam a criança pela sua condição de ser adotada.

Eles temem que o filho adotivo deseje conhecer sua história para no futuro buscar sua família de origem ou que um dia a mãe biológica entre em contato. Nesses casos, o relacionamento com a criança já apresenta uma série de falhas que demandam uma intervenção terapêutica.

Entretanto, no momento da sentença da adoção, o segredo de justiça sobre os documentos originais e o fornecimento de uma nova certidão de nascimento não significam uma negação da biografia completa, e sim uma proteção à família biológica, à criança e sua família. Em muitos países, o indivíduo na maioridade tem o direito ao acesso sobre sua origem e sobre seus pais biológicos. De acordo com Dolto (1995), os pais mantêm o segredo das origens, como se o filho que nada sabe pudesse se tornar filho biológico na fantasia, e como se o não dito, as lacunas na história pudessem aproximar o filho da sua nova família.

O tema das origens da criança na família adotiva afeta os pais com dificuldades e resistências no trato da vida pregressa da criança e podem trazer problemas para o filho e também para eles. Essa situação leva os pais a focar intensiva e negativamente na criança. O passado passa a ter um valor superestimado, levando os pais a triangular na fantasia. Segundo McGoldrick, Gerson e Shellenberger (1999), nos casos de adoção, o analista trabalha com os pais, mas é como se trabalhasse com duas famílias envolvidas, a de origem e a adotiva.

Na visão dos pais, esse histórico de vida com as vicissitudes do abandono poderia justificar a necessidade da manutenção de tantos segredos. Assim, para diminuir os efeitos dos fatos traumáticos e do afastamento da mãe biológica, os pais preferem nada comentar sobre a adoção e tendem provar que são bons e protetores.

Para Kernberg (1985), os pais guardam segredos de um filho sobre a sua adoção, mas o prejudica muito mais pelos sentimentos secretos sobre a adoção. É muito difícil encontrar famílias adotivas sem segredos, considerando um histórico de sofrimento, abandono, dados omissos ou confusos.

Segundo Hartman (1994), na adoção, os segredos são desde os mais inofensivos até os temas tabus, assumem diferentes significados e podem afetar nos pais seus sentimentos de competência e direitos adquiridos ou negados. Podem impedir a intimidade, interferir na comunicação e na confiança intrafamiliar. O segredo cria uma tensão pelo medo de uma revelação imprevista e fora do controle dos pais.

A reação dos pais ao não dito pode ser resultado de suas próprias experiências sobre o que pode ou não ser comentado. As falhas da adoção já interferem nos pais na sua função de revelar a história de vida da criança. A proteção de uma criança de conhecer sua própria biografia tem relação aos mitos e crenças familiares que norteiam a decisão sobre manter o segredo, o que compromete a vida psíquica da criança e interfere na sua relação com seus pais.

Importante ressaltar o valor para a criança sobre sua vida e para construção de uma identidade. Apesar do sentimento de perda de parte da história, cabe aos pais proporcionar à criança um ambiente suficientemente bom, para que ela possa tentar aproveitá-lo. Winnicott (2005, p. 207) afirma:

> *Se eu fosse um oficial do cuidado infantil, a primeira coisa que faria ao receber uma criança seria coletar todas as partículas de informação que pudesse encontrar a respeito da vida da criança até aquele momento.*

O trabalho com os pais demanda a elaboração das fantasias sobre as origens que possam prejudicar o relacionamento familiar. A prática comprova que os pais não demonstram mais tanta dificuldade em revelar o fato da criança ser adotada, mas sim os fatos que aconteceram antes dela ser adotada. Após a revelação, eles preferem não mais retomar ao tema, confirmando que a adoção ainda é um processo doloroso. Eles receiam a curiosidade do filho sobre o porquê do afastamento da sua mãe biológica, sobre o que aconteceu com ela e se existem outros irmãos que não foram adotados ou que vivem com a mãe biológica. Os pais demonstram muita resistência em conversar sobre a mãe de origem pelos seus sentimentos ambivalentes de raiva, pena e receio de um contato futuro.

Os segredos sobre a genealogia biológica provocam conflitos e fazem parte do imaginário dos pais adotivos, os quais revelam suas inseguranças sobre a história da criança antes da adoção. Os pais receiam que a família de origem possa influenciar a vida do filho, seja indiretamente ou na real ameaça de uma tentativa de aproximação. Eles evitam responder às questões dos filhos, pois as respostas poderiam levar, na opinião dos pais, a um estímulo ao contato com a família biológica. Na verdade, é bastante raro um encontro entre o filho adotado e sua mãe biológica, principalmente na sua infância, mas se ocorrer na vida adulta, dificilmente afetará a relação com os pais adotivos.

Os fracassos da adoção indicam que os pais sentem muita dificuldade. Eles se protegem e adiam, às vezes até muitos anos, a revelação sobre todo o processo. Em alguns casos não conseguem e, nesses casos, percebem que devem buscar ajuda profissional, mas também adiam o início de um atendimento. No trabalho da revelação tardia da adoção, a decepção de um jovem ou de um adulto ao descobrir a verdade da adoção é muito mais prejudicial do que as dificuldades que uma criança enfrenta na sua infância ao saber que é adotada.

O atendimento psicanalítico dos pais adotivos

Nas primeiras entrevistas, as perguntas sobre as motivações para adoção, sobre o processo na justiça e sobre o histórico de vida são extremamente importantes. Quando pais adotivos buscam ajuda, já iniciaram o processo de elaboração de uma história a ser tratada. Os pais podem se sentir impotentes e projetar objetos idealizados no filho. Podem se tornar protetores dos temas em segredo e viver fantasias persecutórias sobre a vida da criança. Eles se apresentam com questões angustiantes que estão comprometendo não somente a relação com o filho adotivo, mas também a relação do casal.

Os pais adotivos se sentem responsáveis quando ocorrem dificuldades com a criança que podem ser consequências inevitáveis do processo em si. Podem ter muitas dúvidas e dificuldades na relação com o filho adotivo, como educá-lo e como entender os problemas no dia a dia. Se o comportamento do filho é disfuncional ou problemático, eles podem narcisicamente se defender e atribuir esses problemas à hereditariedade. E podem se questionar sobre a qualidade do amor do filho e se eles são merecedores de afeto. Reagem com preocupação ao perceberem que podem ser o alvo de uma agressividade, que, em geral, pode oscilar contra os pais biológicos ou contra os pais adotivos. Frente à frustração de sua função como pais, podem responder a esse ódio em tentativas de inibir tais sentimentos.

Segundo Winnicott (2005), é mais difícil ser pai adotivo, principalmente porque devemos considerar o adoecimento de uma criança retirada do lar de origem e colocada em outra família. Após a adoção e o início da convivência, a criança pode reagir com mais saúde em um ambiente acolhedor fornecido pelos pais. Depois que o filho já está mais adaptado, ele pode testar o amor dos pais e dirigir sentimentos agressivos em reação ao colapso ambiental sofrido. Os pais adotivos precisam lidar com a raiva da criança que precisa estar de certa forma acessível ao seu *self* consciente. Entretanto, a sua melhora também implica na sua necessidade em expressar sua fúria. Os pais podem não acreditar na qualidade do vínculo afetivo e na chance da criança em redescobrir algo de bom que foi perdido. E diz esse autor:

> *Muitas vezes a criança fará, com bastante esperteza, com que os pais adotivos cheguem de fato a tratá-la mal, tentando fazer com que assumam um caráter maligno que possa ser merecedor de ódio: o pai adotivo cruel passa então a ser realmente amado pela criança, devido ao alívio que esta sente pela transformação de ódio contra ódio. (p. 205)*

O trabalho com os pais é necessário pelos seus sentimentos de culpa e ambivalência nesses momentos críticos e desafiadores, quando a criança pode oscilar entre idealizar os pais biológicos e a desvalorizar os pais adotivos. Os pais podem se sentir muito ansiosos e se cobrarem muito na realização de todos os desejos do filho. E podem falhar nas suas tentativas extremas de fornecer um ambiente bem diferente do que a criança possa ter sofrido no passado.

Freud (1909) contribui para a temática da adoção com seu texto "Romance familiar", no qual aborda o fato da criança já ter um senso crítico para comparar seus pais a outros, por fantasiar o desamor e até em ser adotada. Essas fantasias constituem uma realização de desejos, em que ela tenta libertar-se dos pais já não tão valorizados, idealizando e invejando outros pais.

O romance familiar para Kernberg (1985) salienta a fantasia sobre os pais adotivos e os biológicos, o que favorece o *split* entre os pais idealizados e os desvalorizados. E no trabalho analítico com os pais adotivos, o analista pode se sentir desconfortável com o desconforto dos pais frente aos temas intrínsecos que envolvem o processo de adoção. As dificuldades do analista em falar abertamente sobre a história da criança são correlatas às dificuldades dos pais adotivos. Por isso, é importante a análise das suas reações contratransferenciais no sentido de não supervalorizar os pais adotivos ou não desvalorizar a mãe biológica.

Frente aos limites da função do analista, é indispensável uma atenção às possíveis reações contratransferenciais, pelo romance familiar reativado na sua pessoa, pelas ressonâncias da temática do abandono que podem interferir na sua competência.

Segundo Levinzon (2000), para os pais, as maiores dificuldades deles dizem respeito aos mistérios da história da criança, que favorecem uma mistura entre realidade e fantasia, geradora de fantasmas potenciais. A relação transferencial é intensa na relação terapêutica, o segredo em gostar do analista e não deixar que os pais percebam é vivido como um amor proibido, um fato que não é compreendido pelos pais, gerando resistências ao tratamento.

O atendimento trabalha com as falhas e obstáculos na relação com seus filhos adotivos. Os pais percebem que o tema da revelação precisa ser retomado junto ao filho, mas eles próprios o consideram um tabu na família. Frente às ambivalências, são identificados sentimentos não revelados e, muitas vezes, nem conscientizados. É importante incluir na história da adoção a tríade adotiva, ou seja, a criança adotada, a sua família de origem e a sua família adotiva. E integrar os dados biográficos disponíveis para que os pais possam vivenciar a vida pré-adotiva da criança de maneira menos persecutória (Ladvocat, 2002).

O analista pode se deparar com obstáculos por revelar uma série de conflitos. Os pais podem idealizar, projetar ou transferir para o analista as suas fantasias ligadas a legitimidade parental. São questões difíceis que demandam uma reflexão do lugar que o analista ocupa e que podem ativar as suas próprias teorias, as quais poderiam contratransferencialmente afetar o desenvolvimento do trabalho.

As falhas na vinculação adotiva e a devolução da criança

As falhas do processo adotivo exigem o manejo de situações difíceis para esse casal parental. E devem ser contextualizadas nos casos de guarda de uma criança que ainda não foi adotada de fato. Portanto, se a adoção é irrevogável, a guarda pode ser revogável e a criança pode ser devolvida.

O trabalho com a adoção bem-sucedida é o foco dos profissionais. Visa evitar a cena temida com a devolução da criança, um fato que eventualmente acontece. Uma das metas das entrevistas preliminares é identificar preventiva e precocemente as falhas, os fatores de risco, as dificuldades e obstáculos que interferem nos sentimentos dos pais. O objetivo final é resguardar o interesse pela criança e, portanto, evitar o corte dos vínculos e a sua devolução à Justiça.

Geralmente, a devolução ocorre nas adoções tardias, muito mais pelas dificuldades dos pais no período de adaptação. O trabalho sobre a não devolução de uma criança implica na identificação da problemática dos pais em lidar com uma criança que pode estar representando o resultado de seu fracasso em gerar seu próprio filho biológico. Os pais podem ser invadidos por sentimentos de tristeza e de pena pelo seu histórico de abandono. Projetam objetos maus no filho e acabam por rejeitá-lo.

112 AS FALHAS DA ADOÇÃO NO CASAL PARENTAL

Inicialmente, frente às dificuldades não superadas na convivência com a criança, os pais temem não ser compreendidos na sua desistência da adoção. Eles relutam e acabam por buscar orientação dos técnicos de juizado. Participam de reuniões com outros pais que vivem experiências bem-sucedidas na adaptação a uma nova família. Porém, algumas vezes, mesmo sendo acolhidos nas suas questões, eles sofrem por seus sentimentos ambivalentes. Eles têm o conhecimento de que como ainda não receberam a sentença da adoção, podem de fato desistir do processo.

Segundo Galli (2002), o atendimento dos pais no período de adaptação é sempre necessário, pois desencontros podem ocorrer durante esse convívio inicial entre os postulantes e a criança e demanda o manejo de aspectos disfuncionais que interferem na elaboração da legitimação da parentalidade. Como a relação adotiva se funda a partir de perdas, quando a adoção fracassa, essa dupla falha se amplifica para o mundo interno dos envolvidos. É bastante difícil, em alguns casos, a clareza sobre uma contraindicação para a adoção antes do encontro da família com a criança. Se criança é devolvida, o seu sentimento é equivalente ao da criança abusada. E nesse caso os pais usam a criança como um objeto-adotivo e sem forças vitais.

Nos casos de devolução, verifica-se que o processo de idealização pode levar a uma grande decepção. Os pais se angustiam e não aceitam os problemas que podem ocorrer após a adoção, pois essa criança foi desejada. Na busca de uma ajuda para a devolução, o que se mostra na prática é que os pais desejam uma confirmação que ateste o que já decidiram internamente; esperam ouvir do analista que a criança de fato apresenta problemas sem solução. Para eles, a situação chegou a tal ponto que desejam comunicar a desistência como a saída para tantos problemas. Os pais se angustiam e se culpam por essa criança que sofrerá uma dupla rejeição, a que motivou o abandono pelos pais biológicos, e novamente nesse momento ao não ser acolhida como filho.

A partir das limitações dos pais e dos recursos terapêuticos, o analista deve considerar os resultados favoráveis ou desfavoráveis. O atendimento é emergencial, pois a criança será adotada ou será reintegrada ao abrigo. O trabalho junto aos pais que desejam a devolução como a única solução possível tem, a princípio, o objetivo de tratar e reverter esse desejo. Nesse momento crítico, os pais alegam argumentos e queixas incontestáveis do ponto de vista deles. E passam a se concentrar na espera de uma orientação sobre o ato da devolução em si, buscando os meios legais e em como entregar a criança de uma maneira menos traumática.

No atendimento de casos de crianças inscritas no Cadastro Nacional e disponibilizadas para a adoção internacional, a Comissão Estadual Judiciária de Adoção Internacional analisa os pedidos e autoriza a adoção entre os países. Os pais estrangeiros já chegam ao Brasil com a documentação de acordo com as exigências para a convivência com uma criança por 30-60 dias. Eles são informados sobre a adoção tardia de uma criança que não correspondeu às expectativas do perfil dado por pais brasileiros ou mesmo que ela já foi devolvida. Na possibilidade de tudo correr bem, os pais estrangeiros recebem a certidão e documentação autorizando a viagem de retorno ao seu país onde será acolhida a criança.

Nas adoções tardias e nas internacionais podem ocorrer falhas. As questões são naturalmente mais complexas e demandam uma atenção à escuta da criança. Algumas crianças não aceitam ser adotadas por esses pais estrangeiros. Nesses casos, a preocupação com o destino da criança pode levá-los a buscar atendimento especializado, no qual o analista atuará inclusive como intérprete. E pelas circunstâncias temporais do caso, as consultas deverão acontecer diariamente e durante um tempo breve. Os pais estrangeiros são conscientizados dos possíveis motivos que interferem para a rejeição da criança à adoção, como o vínculo já estabelecido com o abrigo, os irmãos que por alguma razão não podem ser adotados, a falta de esperança em ter uma família, o novo idioma e a mudança para um país distante. Pode acontecer de após todo o investimento desses pais na adoção dessa criança, ela ainda se mostrar, consciente ou inconscientemente, resistente à adoção. Nesse caso, os pais estrangeiros recuam do seu projeto adotivo em consideração a essa criança que deseja permanecer no Brasil e retornar ao abrigo.

A falência adotiva nesses casos difíceis resulta em resultados penosos para os pais e para a criança. Todos os profissionais envolvidos são afetados com o retorno da criança ao abrigo. A devolução de uma criança que perde a chance de conviver com uma família nos leva a indagar o seu futuro, caso vivesse junto a esses pais que a rejeitaram. Os casos de fracasso adotivo exigem do analista, inevitavelmente, o acolhimento empático da decisão inexorável dos pais.

Entretanto, os resultados do trabalho com os pais na sua maioria são positivos. A devolução é, felizmente, uma exceção da prática clínica no campo da adoção. Os casos de sucesso e de insucesso no instituto da adoção devem ser estudados, visando uma escuta apurada e sensível aos recursos e limites dos pais e na proteção aos direitos das crianças e adolescentes.

Conclusão

A prática clínica com postulantes com a guarda provisória de uma criança a ser adotada considera o sucesso ou o insucesso do exercício da parentalidade. Esse enfoque pode resultar em uma adoção bem-sucedida ou na desistência da criança a ser adotada (Ladvocat, 2014).

A adoção possibilita uma esperança para os aspectos internos deficitários da criança. Porém, a sua devolução ao abrigo leva, inevitavelmente, a uma repetição do trauma do abandono resultando em sérios danos. E nos pais, as falhas na vinculação adotiva provocam uma reação de desesperança e uma irreversível frustração do projeto de se tornarem pais pelas vias da adoção.

O *setting* psicanalítico é um espaço em potencial no tratamento das falhas sobre o exercício da parentalidade adotiva. Visa uma análise da competência dos pais para que os medos, fantasias e segredos possam ser abordados e tratados. O tratamento individual e familiar contribui positivamente para a prevenção e reparação de questões junto a esses pais. Favorece a elaboração do luto acerca dos laços biológicos e idealizados e a valorização dos laços afetivos e adotivos junto ao filho real. E favorece essas crianças, que, por uma fatalidade, foram afastadas de seus pais de origem. De qualquer forma, um novo ambiente acolhedor e suficientemente bom proporcionado pelos pais legitima a integração e a vinculação da família adotiva.

Referências

Dolto, F. (1998). *O destino das crianças*. São Paulo: Martins Fontes.

Freud, S. (1909). Romances familiares. In *Edição Standart Brasileira das Obras Completas*. Rio de Janeiro: Imago Editora, 1975.

Galli, J. & Viero, F. (2002). *Fallimenti adottivi, prevenzione e riparazione*. Roma: Armando Editore.

Hamad, N. (2002). *A criança adotiva e suas famílias*. Rio de Janeiro: Companhia de Freud.

Hartman, A. (1994). Os segredos na adoção. In Imber-Black. *Os segredos na família e na terapia familiar*. Porto Alegre, ArtMed, pp. 94-112.

Kernberg, P. (1985). Child Analysis with a Severely Disturbed Adopted Child. *International Journal of Psychotherapy*, *11*, 277-299.

Kernberg, P. (1978). Algumas reações contratransferenciais no tratamento de crianças e pais adotivos. *Revista Brasileira de Psicanálise*, *12*, 439.

Ladvocat, C. (2014). Campo clínico da prevenção na adoção & Campo clínico na prevenção da reparação. In Ladvocat, C. & Diuana, S. *Guia de adoção, no jurídico, no social, no psicológico e na família*. Porto Alegre: Editora Roca, pp. 149-167.

Ladvocat, C. (2002). *Mitos e segredos sobre a origem da criança na família adotiva*. Rio de Janeiro: Booklink.

Levinzon, G. (2000). *A criança adotiva na psicoterapia psicanalítica*. São Paulo: Escuta.

McGoldrick, M., Gerson & Shellenberger (1999). Children Growing up in Multiple Families: Foster Care, Adoption and Orphanage Experiences. In *Genograms: Assessments and Intervention*. New York: Norton & Company, pp. 93-100.

Winnicott, D. (2005). Sobre a criança carente e de como ela pode ser compensada pela perda da vida familiar. In *A Família e o Desenvolvimento Individual*. São Paulo: Martins Fontes, pp. 193-212.

Winnicott, D. (1997). Duas crianças adotadas & Armadilhas da Adoção & A adolescência das crianças adotadas. In Sheperd, R & J, Jennifer & Robinson, H (org). *D. W. Winnicott: pensando sobre crianças*. Porto Alegre, ArtMed, pp. 115-142.

7. Adoção: tempo de espera e mudança de perfil dos habilitados[1]

Maria da Penha Oliveira Silva

A construção da parentalidade-filiação adotiva é um desafio para a maioria das pessoas que recorrem à adoção para realizar o sonho de se tornar mãe e se tornar pai. O caminho a ser percorrido nem sempre é uma linha reta, conforme um dia se idealizou. Ao contrário, é entremeado por sinuosas curvas e espirais e que requer de cada sujeito capacidade de parar, pensar e repensar suas ideias e desejos. É um ir e vir permeado por conversas, sentimentos, escolhas e decisões. Nessa construção, não basta apenas o desejo de ter um filho, mas que um Outro, mãe ou pai biológicos, já o tenha desejado, ainda que esse desejo não se sustente ou se prolongue para os cuidados parentais além de uma gestação.

Quando uma pessoa pensa no nascimento de seu filho pelo caminho da adoção, uma história vai se construindo. Às vezes,

---

1 Este artigo tem a colaboração da professora e psicóloga Shyrlene Brandão e da psicóloga Simone Nunes, como revisoras, e de outros profissionais que participam de minha prática clínica e institucional: equipes técnicas do Grupo de Apoio e Convivência Familiar e Comunitária (Aconchego) e equipes técnicas de instituições de acolhimento do Distrito Federal.

118 ADOÇÃO: TEMPO DE ESPERA...

pelo simples desejo de ter um filho, outras vezes, pela impossibilidade de gerar o filho desejado. A criança já existe no imaginário, mas também na vida real. Ele já tem nome, endereço, história. Pode ser um bebê, mas também pode ser uma criança ou um adolescente que vai se construindo pelo não poder ou saber cuidar de seus genitores.

Sua vida se encontra em um mar de certezas e também de contradições. Tem o sonho de fazer uma família e a certeza de que um filho dará sentido a sua vida; mas também a incerteza da chegada desse filho, atravessada por estatísticas divulgadas pelos serviços da Justiça a respeito do perfil de crianças disponíveis para adoção que muitas vezes difere daquele que se pretende adotar. Daí surgem o medo e a preocupação de, mais uma vez, o sonho não se realizar.

A adoção não se constitui em um processo simples. O candidato à adoção é convidado a pensar e responder sobre sua própria dinâmica psicológica, a entrar em contato com os sentimentos que acompanham o desejo de ser pai, ser mãe e, no processo de autoquestionamento, a se perceber responsável pelo papel que vai desempenhar na vida do filho desejado.

> *O desejo pelo filho deve ser orientado para o sentimento de pertença. É poder transformar uma criança, com a qual não se compartilha laços sanguíneos, em filha. A criança deve sentir que tem um lugar dentro de uma família. (Silva, 2016, p. 12)*

Além disso, os procedimentos para adoção legal passam por longas, mas necessárias, entrevistas com equipes do judiciário. O interessado deve formular pedido por meio de advogado ou defensor público, dirigido ao Juiz da Infância e Juventude local, anexar documentos e traçar o perfil da criança ou do adolescente que pretenda adotar: sexo, idade, cor de pele. É convidado a realizar curso de preparação para adoção, conforme determinação no § 3º, Art. 50, do Estatuto da Criança e do Adolescente: pensar suas motivações, o filho(a) idealizado(a), os mitos e os preconceitos que permeiam a adoção, a origem da criança, entre outros temas relevantes. Todos os atos processuais são submetidos ao Parecer da Promotoria de Justiça que poderá recomendar diligências, estudos, ouvir testemunhas, juntar documentos e realizar todos os atos para abastecer o processo de elementos favoráveis ao interesse do adotando. Depois que o juiz deferir o pedido, o interessado será inscrito no cadastro de pessoas habilitadas a adotar, o Cadastro Nacional da Adoção (CNA) e aguardará a apresentação de criança ou do adolescente pretendido.

Após a habilitação no Cadastro da Adoção, a espera pelo filho pode ser carregada de muita ansiedade e angústia. Não se sabe quando ele chegará. É como uma gravidez: tem início, mas não se tem certeza do momento exato em que será finalizada. Sabe-se que o tempo varia conforme as restrições impostas pelos pretendentes na escolha do perfil desejado: sexo, idade, condições da saúde física e mental das crianças e adolescentes incluídas nas listagens dos cadastrados para adoção. Vale esclarecer que, nas instituições de acolhimento, a maioria das crianças cadastradas para adoção tem idade acima de 7 anos de idade e/ou faz parte de grupo de irmãos[2] que, por recomendação legal, não devem ser adotadas em separado. Portanto, para adoção de bebês e crianças até 7 anos de idade, o pretendente deve esperar um tempo maior para realizar o seu sonho de se tornar pai ou mãe.

Com o decorrer do tempo, é possível que o pretendente se canse, desanime e se sinta desmotivado a permanecer nessa espera.

---

2 Conselho Nacional de Justiça (2017). *Cadastro Nacional de Adoção*. Brasília, DF. Recuperado de http://www.cnj.jus.br/cnanovo/pages/publico/index.jsf.

120 ADOÇÃO: TEMPO DE ESPERA...

Sente-se injustiçado e frustrado com o processo e se queixa: "são tantas crianças abandonadas à espera por uma família que não vejo razão para essa demora. Basta ir em um 'abrigo' para se ver que bebês e crianças estão lá aguardando uma família."[3] Diante disso, alguns pretendentes desistem do "projeto filho", outros mudam o perfil para acelerar o processo e outros ainda buscam na informalidade ou ilegalidade o caminho para encontrar o filho desejado.

Sobre a mudança de perfil dos habilitados

Dados do Conselho Nacional de Justiça (CNJ), de novembro de 2017, revelam que existe, em todo o Brasil, mais de 47 mil crianças e adolescentes entre 0 e 18 anos acolhidos em quatro mil instituições credenciadas junto ao Judiciário em todo o país. Dessas, apenas 8.251 mil se encontram aptas para adoção, sendo que 92% têm entre 7 e 17 anos. Por outro lado, estão inscritos no Cadastro Nacional da Adoção 41 mil pretendentes à adoção. Se considerarmos que 91% desses pretendentes habilitados desejam uma criança de até 6 anos de idade e não aceitam grupos de irmãos e crianças com alguma deficiência, veremos que a grande maioria das crianças deverá permanecer acolhida por um longo período de tempo.[4]

Por essa razão, autoridades do Judiciário, do Ministério Público e da Sociedade Civil, em um esforço concentrado, vêm buscando estratégias para que mais crianças acolhidas encontrem pais e mães. A corregedoria do Conselho Nacional de Justiça, durante o ano de 2017, realizou uma série de eventos com debates com vistas ao aperfeiçoamento do cadastro da adoção. Entre as

---

3　Fala de uma pretendente participante do Grupo Encontros sobre Adoção. Recuperado de http://www.aconchegodf.org.br/programasencontros.html.

4　Conselho Nacional de Justiça (2017). *Cadastro Nacional de Adoção*. Brasília, DF. Recuperado de http://www.cnj.jus.br/cnanovo/pages/publico/index.jsf.

propostas em análise estão a unificação do Cadastro Nacional de Adoção (CNA) e do Cadastro Nacional de Crianças Acolhidas (CNCA); a realização de varredura diária no qual o próprio sistema faz uma busca automática e leva o resultado ao usuário; ampliação de informações sobre o perfil das crianças, incluindo fotos e vídeos, cartinhas, desenhos, especialmente daquelas que não possuem pretendentes disponíveis no cadastro, criando oportunidade para que os pretendentes as conheçam e possam mudar o perfil inicialmente desejado. O próprio sistema deve simular perfis por aproximação e sugerir ao pretendente: se o perfil é de uma criança de até 6 anos, o sistema pode informar uma de 7 anos disponível ou se a busca é de até dois irmãos, também o sistema pode informar que existe um grupo de três para adoção, que estão próximos da idade desejada.[5]

Os Grupos de Apoio à Adoção, por meio da Associação Nacional dos Grupos de Apoio à Adoção (ANGAAD), em convênio com o Poder Judiciário, trabalham para que mais crianças encontrem famílias e investem na Busca Ativa, uma ação prevista no Plano Nacional de Promoção e Proteção do Direito de Crianças e Adolescentes à Convivência Familiar e Comunitária, para

> *estimular a busca ativa de pais para crianças e adolescentes cujos recursos de manutenção na família de origem foram esgotados, sobretudo, para aqueles que por motivos diversos têm sido preteridos pelos adotantes, priorizando-se a adoção nacional. (Brasil, 2006)*

---

5 Conselho Nacional de Justiça. (2017). *Estratégia de adoção: pais para crianças e não crianças para os pais*. Brasília, DF. Recuperado de http://www.cnj.jus.br/noticias/cnj/85211-estrategia-de-adocao-pais-para-criancas-e-nao-criancas--para-os-pais.

122 ADOÇÃO: TEMPO DE ESPERA...

Ainda para garantir o direito de crianças e adolescentes a viverem em família, campanhas são realizadas em algumas partes do Brasil, como: "Quero uma família", do Ministério Público do Rio de Janeiro (MPRJ);[6] "Adote um Pequeno Torcedor",[7] uma parceria entre a 2ª Vara da Infância e Juventude da Capital, o time Sport Club do Recife e o Ministério Público de Pernambuco (MPPE); "Esperando Por Você", do Tribunal de Justiça do Espírito Santo (TJES).[8]

Dados indicam que o número de adoções tem aumentado em todo o país. Em 2011, 648 crianças foram adotadas, enquanto em 2017, o Conselho Nacional de Justiça aponta 1.142 adoções. Os pretendentes têm se mostrado mais flexíveis no perfil do filho desejado. Adoção de crianças de cor diferente da dos pais adotantes, de crianças acima de 5 anos de idade e de grupo de irmãos são características que se mostram em leve ascendência na preferência dos pretendentes.[9]

Porém, assim como as restrições impostas pelos pretendentes têm diminuído e mais crianças têm sido adotadas, também cresce o número de famílias que desistem da adoção em pleno processo de convivência e guarda provisória,[10] o que significa uma grande

---

6 Quero uma família. *Apresentação*. Recuperado de http://queroumafamilia. mprj.mp.br/apresentacao.

7 Tribunal de Justiça de Pernambuco. *Projeto "Adote um Pequeno Torcedor" estimula adoção tardia*. Recuperado de http://www.tjpe.jus.br/-/projeto-adote- -um-pequeno-torcedor-estimula-adocao-tardia.

8 Tribunal de Justiça do Estado do Espírito Santo. *Campanha de adoção esperando por você*. Recuperado de http://www.esperandoporvoce.com.br/.

9 G1. (2017). Restrições impostas por pretendentes diminuem e nº de adoções cresce no país. https://g1.globo.com/bemestar/noticia/restricoes-impostas- -por-pretendentes-diminuem-e-n-de-adocoes-cresce-no-pais.ghtml.

10 G1. (2017). *Entre 2014 e 2015, quase 200 crianças adotadas em SP foram devolvidas*. Recuperado de http://g1.globo.com/jornal-nacional/noticia/2017/04/ entre-2014-e-2015-quase-200-criancas-adotadas-em-sp-foram-devolvidas. html; Metrópoles. (2017) *Cresce o número de crianças devolvidas após serem adotadas no DF*. Recuperado em https://www.metropoles.com/brasil/cresce-

perda para a criança ou adolescente que é "devolvido" ao serviço de acolhimento. Experimentar um novo abandono pode provocar prejuízos, às vezes irreparáveis, à vida psíquica da criança.

No confronto com o fracasso na construção da filiação adotiva que entendo a necessidade de se fazer uma melhor reflexão sobre as motivações do adotante para a mudança do perfil da criança desejada.

Pelo que vem sendo divulgado na mídia nos últimos meses, vimos que os serviços da Justiça e da sociedade civil vêm se ocupando em dar visibilidade às crianças e aos adolescentes que estão em acolhimento, na tentativa de encontrar famílias para esses sujeitos. Mas até que ponto e de que maneira se deve sensibilizar os pretendentes para uma mudança de perfil durante o seu percurso no processo de adoção? Isso é possível?

Penso, em primeiro lugar, que não se deve induzir nenhum pretendente a alterar o seu perfil, ainda que nas instituições não haja nenhuma criança que corresponda ao seu desejo. A mudança de perfil do adotante não pode ser decidida a partir do perfil de crianças acolhidas em uma instituição. Se o Estado tem obrigações com relação a essas crianças, deveria investir mais para garantir os seus direitos: investir na educação, na saúde, na cultura e, principalmente, nas famílias etc. Adoção não é uma política pública. Trata-se de um processo afetivo complexo em que uma *pessoa se torna pai e/ou mãe, se torna filho ou filha.*

Dar visibilidade à causa da criança e do adolescente é uma ação importante. Sensibilizar e conscientizar a sociedade para a importância dos cuidados na primeira infância é fundamental

---

-o-numero-de-criancas-devolvidas-apos-serem-adotadas-no-df; Agência Brasil. (2017). *Adoção de crianças devolvidas exige reconstrução de laços.* Recuperado de http://agenciabrasil.ebc.com.br/direitos-humanos/noticia/2017-05/mae-que-adotou-criancas-devolvidas-diz-que-experiencia-exige.

para se construir um adulto seguro. Suas experiências afetivas iniciais influenciam positivamente o seu desenvolvimento (Abuchaim, 2016; Cedes, 2016). Para tanto, a família, concebida como pai, mãe, irmãos, avós, tios, vizinhos, os principais cuidadores da criança, exerce um papel essencial em sua vida. Pensar na criança é ter, antes de tudo, o olhar voltado para as suas famílias. O trabalho é preventivo. O investimento do Estado deve ser, primordialmente, em ações que fortaleçam as famílias na construção e no fortalecimento dos vínculos.

> *A centralidade da família no âmbito das políticas públicas se constitui em importante mecanismo para a efetiva garantia do direito de crianças e adolescentes à convivência familiar e comunitária. (Brasil, 2006)*

Quando o assunto é a filiação-parentalidade por adoção, o investimento dos serviços, em meu entendimento, deve ser na busca e na preparação das famílias para a construção de um vínculo que assegure afeto e pertencimento. Caminhar com os candidatos na compreensão do desejo em ser pai e ser mãe e os afetos entremeados nesse desejo. Na adoção, os adotantes devem ter plena consciência de sua decisão. É um processo que não pode advir de uma escolha impulsiva. É preciso reflexão e tempo de preparação, não apenas como uma exigência legal, mas como um período para gestar, psicológica e afetivamente, o filho desejado. E cada sujeito e cada família tem um tempo diferente de "gestação".

> *O vínculo parental não pode ser estabelecido em função de "desejos altruístas" ou como uma salvação da criança. A experiência da filiação inclui vivências e emoções das mais diversas, por longos períodos de*

tempo, senão pela vida inteira, e as famílias estão sempre diante de desafios e de busca de integração. Para que isso ocorra de maneira harmoniosa, é preciso que os pais tenham claro que desejam um filho, e que não estão apenas "fazendo o bem". (Levizon, 2004, p. 17)

Na minha clínica, seja como psicoterapeuta, supervisora ou nos trabalhos de preparação de adotantes, privilegio a escuta do desejo do adotante, se ele deseja o bebê ou uma criança maior. É desse lugar que o processo se inicia. Para mim, a mudança do perfil pode ser, ou não, resultado de um longo trabalho de reflexão e análise. Pode acontecer quando o candidato faz uma releitura de seu desejo: "desejo um bebê ou desejo um filho?" Se é um filho, "ele pode ter mais idade? Pode ser uma criança, um púbere, um adolescente?" O desejo pode ir se construindo e se modificando ao longo da espera, não porque só existem crianças maiores nas instituições, mas por que encontram nesse tempo de espera, um lugar para um filho diferente daquele imaginado. A mudança de perfil, não deve, portanto, advir de motivadores externos, do que está disponível, pois reduz a relação filiação-parentalidade a uma lógica mercadológica.

Trarei dois recortes de casos para auxiliar a analisar essa delicada questão.

Trata-se de um casal, cujo desejo de se tornarem pais sempre existiu. Porém, como nem sempre a vida acontece como se planeja, a mulher, em razão de falência ovariana, não pode ter filhos pelos métodos naturais. Se quisesse engravidar, precisaria ser por ovodoação (fertilização *in vitro* com óvulos de outra mulher).

Obviamente, diante dessa notícia, o casal precisou rever o "projeto filhos". Inicialmente, optaram pela ovodoação, embora o procedimento os assustasse, pelo alto custo e o baixo índice de garantia de sucesso. Conversaram sobre o assunto e decidiam buscar informações sobre a filiação adotiva. Decididos, encontram o Grupo de Apoio à Adoção e começaram a frequentar. No grupo, aprenderam sobre os procedimentos legais da adoção, mas também encontram espaço para compartilharem suas histórias e elaborarem o luto.

No pré-natal, como chamavam o grupo, repensaram o perfil do filho e mudaram o que tinham idealizado. Inicialmente, era um bebê. Passaram para uma criança de 2 anos e, depois, para uma criança até 5 anos, podendo ser grupo de até dois irmãos. Inscreveram-se na VIJ, fizeram o curso de preparação e foram inscritos no CNA. Um ano depois, foram apresentados para uma menina de 5 anos.

Importante acrescentar que a apresentação da criança é um caso atípico em processo de adoção, pois a criança não estava acolhida em uma instituição, mas já em convivência com uma família, mediante processo de guarda com vistas à adoção. Porém, o vínculo não estava se formando: tanto a guardiã quanto a criança encontravam muita dificuldade na convivência. A criança havia sido acolhida por essa família porque seu irmão já estava em convivência, mediante guarda provisória, com vistas à adoção, com a mesma família há mais de seis meses. Em consonância com o Artigo 28, § 4º, do ECA (Brasil,1990), que determina a não separação dos irmãos em um processo de adoção, o juiz responsável pelo caso procurou essa família, informou sobre o acolhimento dela e perguntou se eles não teriam possibilidade de adotá-la também. No primeiro momento aceitaram, mas, na convivência, o vínculo não se formou, gerando sofrimento para a criança e para a família. Embora somente a menina não estivesse formando vínculo necessário, a possibilidade era de retorno de ambas as crianças para o serviço de acolhimento.

O juiz encaminhou a família para o Grupo de Apoio à Adoção com o objetivo de que pudesse ser trabalhado o vínculo de filiação. As crianças foram encaminhadas para acompanhamento psicológico, pois ambas estavam em sofrimento psíquico. Após os atendimentos e confirmada a impossibilidade de ficarem os dois irmãos na mesma família, a equipe técnica do Aconchego, que acompanhava os pretendentes em um outro grupo, pôde mediar o encontro entre a criança e o casal pretendente.

Observamos no caso citado que havia o desejo de ter filhos. Porém, impedidos por uma questão fisiológica, optaram pelo caminho da adoção de um bebê, informam-se do processo e buscaram ajuda.

No Grupo, entraram em contato com suas expectativas. Compartilham suas dores e seus desejos. Vivem o luto da gravidez impossível, da transmissão genética, do filho idealizado e se adaptam a uma nova realidade de gestação e aceitam outra possibilidade de se tornarem pais. Entendem que a procriação não é garantia para o exercício das funções de pai e de mãe (Hamad, 2002; Smith & Miroff in Levinzon, 2004; Labaki, 2008).

Aos poucos, o casal candidato constrói um projeto adotivo.

A pretendente: Depois de um tempo de preparação, eu me atentei de que para ser mãe, você não precisa gerar, pra ser mãe, eles não precisam nascer da sua barriga e não precisam ter seus caracteres biológicos. Ser mãe extrapola tudo isso. Então o processo de maternidade, de paternidade, de filiação, está além de uma barriga.... Para chegar no processo de adoção é isso, a gente primeiro precisa adotar essa ideia. A gente precisa reconhecer que mesmo sendo filhos gerados biologica-

*mente, filhos que nasceram da barriga, se eles não fo-
rem adotados emocionalmente, se a gente não fizer
essa vinculação, essa família não vai existir como tinha que ser. Isso foi muito marcante, muito intenso.*

Durante alguns anos, o casal frequentou o grupo de apoio e fez o seu pré-natal com o suporte de especialistas e dos participantes do grupo. E nessa longa gestação, cuidadosamente, mudaram aquilo que tinham de idealização da criança. Começaram o processo de adoção imaginando um bebê; depois, uma criança até 2 anos; e, durante o trabalho de preparação, concluíram por uma criança até 5 anos, podendo ser grupo de até dois irmãos.

A chegada da criança é cercada de cuidados dos especialistas (psicólogos, assistentes sociais). O "parto" era de alto risco e diferente do nascimento biológico, e envolvia outras pessoas além da mãe e do bebê. Vamos lembrar que havia duas crianças e três famílias: a biológica; a família guardiã e a família pretendente. A demanda era dar suporte para as crianças e para as famílias, na elaboração do luto da separação e na formação de um novo vínculo de filiação. Qualquer imperícia poderia ser fatal para todos, principalmente para as crianças, a parte mais frágil do processo. Os profissionais precisavam de conhecimento e experiência na temática da adoção, em rompimentos e formação de novos vínculos afetivos.

Após cuidadosa aproximação, o casal conseguiu a guarda provisória e, mais tarde, o processo de adoção foi concluído. Com maturidade, mesmo após o processo concluído, permaneceu frequentando o grupo, agora o Grupo de Adoção Tardia, buscando solução para as dificuldades que, invariavelmente, aparecem durante a formação da filiação adotiva.

Outro ponto importante para se levar em conta nesse caso, no que diz respeito à mudança de perfil da criança desejada, é com relação à família guardiã dos irmãos. Embora não se tenha muitos elementos para uma análise mais aprofundada, parece que a família não havia se planejado para a chegada da segunda criança. Aceitaram o pedido do juiz e por quase um ano tentaram criar um vínculo. Mas será que desejavam ou tinham disponibilidade para mais um filho em suas vidas? O fato de terem desejado seu irmão significava que também a desejariam? E a menina desejava essas pessoas como sua família?

Esse caso conta com uma rede de apoio bem construída. As crianças são protegidas e cuidadas para não passarem por mais sofrimento. As famílias se disponibilizam para o aprendizado nos grupos, elaboram suas perdas e permanecem investindo em suas famílias.

A seguir, apresento um outro caso, a partir de um grupo de supervisão para equipes técnicas de uma comarca próxima ao Distrito Federal, cujo desfecho não traz a mesma "sorte" que o primeiro.

Trata-se de um casal, pais por adoção de um adolescente e em processo de uma segunda adoção. Relatam que decidiram pela segunda adoção para "dar um irmão" para seu primogênito, adotado antes de um ano de idade.

Passaram por todo o processo promovido pelos serviços de Justiça. Inscreveram-se para adoção de um menino com até 3 anos de idade, fizeram o curso de preparação e durante o curso mudaram o perfil para uma criança de até 6 anos de idade. Foram habilitados e incluídos no Cadastro Nacional da Adoção. No mesmo ano, foram apresentados a um menino de 11 anos de idade.

Embora o perfil não coincidisse com aquele inicialmente pretendido, o casal aceitou conhecer a história da criança. Com a mãe

130 ADOÇÃO: TEMPO DE ESPERA...

desaparecida e o pai cumprindo pena por tráfico de drogas, a criança deveria estar sob os cuidados de uma tia paterna, porém vivia em situação de rua. Estava acolhida em uma instituição há mais de um ano.

Foram apresentados em meados de novembro e, em dezembro, conseguiram a guarda provisória e o levaram para casa. Passaram os festejos natalinos e viajaram de férias. Durante esse período, tudo aconteceu conforme o esperado pela família. No retorno das férias, no final do primeiro mês de aula, os problemas começaram, não diretamente com a escola, mas com o seu comportamento em casa: mentia muito, não aceitava as regras, estava respondão, era ingrato. Tinha mais dificuldade com o "pai" e este se ressentia de não estar fazendo vínculo com ele.

A criança foi encaminhada para psicoterapia e, os pais, para sessões de orientação, em grupo. O caso não evoluiu. A criança decidiu que não queria morar com eles e procurou uma pessoa de sua família de origem. Aceitaram a escolha dela e se prepararam legalmente para a devolução. A criança foi para uma instituição de acolhimento, aguardando o estudo da equipe psicossocial da Vara da Infância e da Juventude para sua reintegração, porém, nenhuma pessoa de sua família de origem solicitou sua guarda. Foi reinserida no Cadastro Nacional da Adoção e permanece acolhida na instituição.

No caso, observamos que o casal prioriza o desejo do primeiro filho, que lhes pede um irmão. Obviamente, se fôssemos fazer uma escuta mais atenta, perceberíamos que não estavam investidos pelo desejo de ter filhos, mas de dar um irmão para o primeiro filho. Pelo menos esse era o desejo manifestado de modo consciente. E é com esse desejo consciente que a maioria dos técnicos trabalha, pois seria preciso um investimento maior para se relacionar o desejo com a história e a estrutura inconsciente da pessoa (Hamad, 2002).

Fazem o curso de preparação e mudam o perfil inicialmente desejado de uma criança de 3 anos para uma criança de 6 anos. Porém, aceitam conhecer uma criança de 11 anos e iniciam a convivência em dezembro, tempo de muita solidariedade humana. A criança vai morar com a família. Muita brincadeira, lazer, viagens, presentes e ela vive uma fase que chamamos de encantamento:

> *a criança está feliz de ser escolhida e sair da rua ou da instituição de acolhimento e os pais estão apaixonados pela criança e pela realização do acolhimento. Nesta fase, é comum as crianças fazerem tudo para agradar e fazer parte da família. Mas é uma fase que não dura muito, pois a criança, ou não tem ideia clara do que é uma família (tem ideias cheias de fantasias), ou tem uma ideia terrível; e os pais, também descobrem a diferença entre a criança idealizada e a criança real. (Brasil, 2015, p. 80)*

E essa fase dura exatamente dois meses, como é esperado. Tão logo começam as aulas, as obrigações são mais constantes e as brincadeiras dão lugar a cobranças, ensinamentos e regras e surgem comportamentos indesejados na criança: de raiva e decepção. Nessa fase, a que chamamos de fase de testes, se os adotantes não estiverem bem preparados e com apoio constante, podem titubear em seus desejos de filho, desiludindo-se com o "ato da adoção". O casal não o reconhece. Ao contrário, não era esse menino que eles desejavam como irmão de seu filho. Estavam frustrados.

> *Fase da desilusão: a criança descobre que também há regras no novo lar e pode manifestar comportamentos de raiva e decepção, assinalado pela necessidade de "marcar territórios". Este período pode ser chamado o período do "não", quando a criança exercita um direito que nunca lhe fora dado: o de dizer não. Isto pode ser compreendido como uma tentativa simbólica de controlar e refazer a sua vida. Essa fase também é chamada da fase de testes, no sentido de que a criança irá colocar à prova o amor dos novos pais e testar se não irão abandoná-la (como nas vivências anteriores). (Brasil, 2015, p. 80)*

Contrariamente ao primeiro caso, o casal não se preparou para a adoção. Pouco conheciam sobre o processo de uma adoção tardia, ainda que tenham participado do curso de preparação. A criança precisava mudar para ser encaixada no projeto idealizado por eles. Deveria aproveitar a oportunidade para conviver com uma família estruturada. Responsabilizavam a criança. Ignoravam ou não davam conta de viabilizar os encaminhamentos. Não aderiam a nenhuma proposta que os fizesse refletir sobre o processo de filiação. Concordavam com as orientações, mas não efetivavam as propostas. E quando a criança disse preferir a casa de sua família de origem, exaustos, aceitaram seu apelo e desistiram da adoção.

O que podemos pensar sobre esse segundo caso?

Devolver uma criança ao serviço de acolhimento por que ela não apresenta comportamento adequado ou esperado pode revelar imaturidade das famílias adotantes, mas também um despreparo da rede de atendimento e preparação inadequada dessas famílias. Da mesma forma que observamos as famílias culpabilizando crianças por conta do insucesso, é importante atentarmos para a nossa própria postura acusatória frente aos adotantes que devolvem. Nesse processo, nós estamos implicados e somos, portanto, corresponsáveis (Silva, Guimarães, & Pereira, 2014).

Como já foi dito, a mudança de perfil pode acontecer, mas deve vir acompanhada de um tempo de reflexão a partir da escuta de um especialista ou dos cursos de pré-adoção e da preparação continuada dos pretendentes. Nesse lugar, compartilham suas experiências, recebem orientações e vivenciam situações que podem dar forma ao desejo latente de parentalidade, que não necessariamente seja por um bebê. O trabalho envolve questionamentos, sensações e sentimentos diferentes de uma gestação biológica. Nesse lugar, os pretendentes são convidados a refletir sobre seus desejos, suas motivações e expectativas. Falam sobre a criança idealizada, sonhada, desejada, e fazem o luto. Discutem sobre as crianças possíveis, aquelas que se encontram aguardando uma família. Revisitam a sua infância e sua adolescência e nessa visita encontram o bebê, a criança ou o adolescente que foram e que de alguma maneira poderia ser adotado, despertando daí muitas vezes o seu desejo por outro perfil.

Considerações finais

A adoção não se constitui em um processo simples. Quase sempre tem seu início marcado por uma história de perdas que geram dores, raiva, tristeza e frustrações. Sentimentos que precisam ser elaborados para que a vida tenha novos sentidos e o encontro pais-filhos aconteça. É um ato de amor, mas também de conhecimento e garantido pela lei, que transfere direitos e deveres de pais biológicos para uma família adotiva.

Os profissionais que atuam nesse campo devem estar preparados, ter capacidade de escuta e sensibilidade. Acolher e orientar as famílias que pretendem adotar e não apenas analisar e avaliar se podem ou não exercer os papéis parentais a partir de uma perspectiva meramente objetiva, social e econômica. Os trabalhos de preparação podem prevenir casos com grandes riscos de fracasso no processo. Óbvio que jamais teremos cem por cento de certeza de quem vai ser bom pai ou boa mãe, sejam biológicos ou adotivos, pois não se trata apenas de um trabalho operacional ou de procedimentos jurídicos, uma vez que exige desses pretendentes uma dose de maturidade e disponibilidade psíquica para se abrir e acolher em sua vida uma criança que já existe e que, portanto, deve ser ouvida no seu desejo de ter um pai e uma mãe, que não os seus genitores.

O tema não é fácil de ser trabalhado. Conforme estatísticas apresentadas, observamos que por um lado, as crianças vão crescendo na instituição sem família e, por outro, poucos são os adotantes que se interessam por esse ou aquele perfil. Quando um desses adotantes muda esse perfil, apenas para acelerar o processo ou porque os seus olhos brilharam em uma visita ou campanha publicitária, eis aí um possível problema: esse filho não é o do desejo e, assim, é menor a disponibilidade para acolher seu comportamento ou sua história. Portanto, penso que os profissionais que lidam com esta temática devem ser qualificados e capacitados para fazerem uma escuta desse adotante sem julgamento e sem pressa.

Todo cuidado é pouco quando estamos buscando família para uma criança. E, quando se trata de mudança de perfil, nosso trabalho é ainda maior e mais especializado. É preciso acompanhamento de especialistas que possam ajudar na reflexão dessa mudança. Ninguém é obrigado a adotar, mas ao fazê-lo deve ter a consciência de que é um caminho sem volta, assim como é, no nascimento biológico. "Uma adoção fracassada normalmente é desastrosa para a criança, tão desastrosa que teria sido melhor para a criança que a tentativa não tivesse sido feita" (Winnicott, 1997, p. 126).

Referências

Abuchaim, B. O. et al. (2016). *Importância dos vínculos familiares na primeira infância*: estudo II. São Paulo: Fundação Maria Cecilia Souto Vidigal.

Brasil. (1990). *Estatuto da criança e do adolescente. Lei nº 8.069, de 13 de julho de 1990.* Brasília, DF. Recuperado de http://www.planalto.gov.br/ccivil_03/Leis/L8069.htm

Brasil. (2016). Plano Nacional de Promoção, Proteção e Defesa do Direito de Crianças e Adolescentes à Convivência Familiar e Comunitária. Brasília, DF: CONANDA.

Brasil. (2015). Programa de Formação para os núcleos de preparação para adoção e apadrinhamento afetivo. Brasília, DF: Secretaria de Direitos Humanos da Presidência da República e Aconchego – Grupo de Apoio à Convivência Família e Comunitária.

Cedes. (2016). *Avanços do Marco Legal da primeira Infância.* Relator: Deputado Federal Osmar Terra. Frente Parlamentar. Recuperado de http://www2.camara.leg.br/a-camara/estruturaadm/altosestudos/pdf/obra-avancos-do-marco-legal-da-primeira-infancia

Hamad, N. A. (2002). *A criança adotiva e suas famílias.* Rio de Janeiro: Companhia de Freud.

Labaki, M. E. P. (2008). Ter filho é o mesmo que ser mãe? In Alonso, S. L., Breyton, D. M, & H. M. F. M. Albuquerque. Interlocuções sobre o feminino na clínica, na teoria, na cultura. São Paulo: Escuta.

Levinzon, G. K. (2004). *Adoção*: clínica psicanalítica. São Paulo: Casa do Psicólogo.

Silva, M. P. O., Guimarães, F. L. & Pereira, S. K. R. (2014). *Caminhos para adoção*. In Ladvocat, C. e Diuana, S. (Org.) Guia de adoção: no jurídico, no social, no psicológico e na família. São Paulo: Roca.

Silva, M. P. O. (2016). *Encontros sobre adoção*: transformando o tempo de espera em tempo de preparação. Cartilha para pretendentes a adoção. Brasília, DF: CDCA/DF Aconchego. Recuperado de http://www.aconchegodf.org.br/biblioteca/manuais/CartilhaSobreAdocao.pdf

Smith, J. & Miroff, F.I. (2004). You're our child: the adoption experience. In Levinzon, G. K. *Adoção: clínica psicanalítica*. São Paulo: Casa do Psicólogo.

Winnicott, D. W. (1997). Armadilhas na adoção. In Winnicott, D. W. *Pensando sobre crianças*. Porto Alegre: Artmed.

8. "O que quer uma mulher quando adota?" – A clínica da adoção[1]

Edilene Freire de Queiroz

Esta reflexão sobre o que quer uma mulher quando adota se insere numa outra mais ampla de um trabalho clínico que vimos desenvolvendo na Universidade Católica de Pernambuco (Unicap), há mais de dez anos, voltado para a adoção. Esse trabalho, sustentado em pesquisas e num diálogo permanente com os setores de adoção do Tribunal de Justiça do Estado de Pernambuco (TJPE), nos tem mostrado que há uma especificidade nessa clínica que nos autoriza a nomeá-la de "clínica da adoção". Portanto, iniciaremos explicitando as razões pelas quais é importante falar de uma clínica e, em seguida, apresentaremos pesquisas que tratam tanto das questões relativas aos que adotam como aos adotados, realçando a questão da mulher e do seu desejo de adotar. Por fim, mostraremos os efeitos deste trabalho junto ao setor da adoção no estado de Pernambuco.

---

1 Texto adaptado e modificado da Conferência ministrada nas Écoles Doctorales da UFR d'Études Psychanalytiques da Université Paris Diderot, no dia 14 de dezembro de 2016.

138   "O QUE QUER UMA MULHER QUANDO ADOTA?"

Green (2002, p. 9) observa que

> *a clínica é comumente definida como a formulação descritiva de um corpus empírico, obedecendo a objetivos de reconhecimento pela indicação de um tratamento apropriado, sintomático ou etiológico.... Na clínica se observa, se percebe, se revela, se adivinha*

a fim de elaborar uma maneira original e específica de pensar a experiência prática. No que diz a respeito à nossa prática, temos a nosso favor quinze anos de observação e de escuta tanto dos adotantes e adotados como dos envolvidos diretamente com a adoção, ou seja, com as equipes do TJ; uma experiência que se caracteriza por um diálogo permanente com o setor da adoção do estado de Pernambuco que se desdobraram em teses e dissertações. Se, segundo Green (2002), a construção de um pensamento clínico no campo da psicanálise significa dar um sentido aos movimentos, desenvolvimentos, transformações que se dão à escuta do psicanalista – mesmo se não existem referências explícitas ao paciente –, e isso acontece porque existe uma casualidade específica que considera as razões inconscientes e a ética do desejo, então tratamos a adoção pelo viés clínico.

No nosso entender, uma "clínica da adoção" significa a construção de um discurso baseado numa ética que trata, com rigor, o desejo e as razões inconscientes. Nós temos concebido essa clínica como uma possibilidade de estudar os riscos de uma adoção malsucedida e de poder intervir preventivamente. Partimos do princípio de que o conhecimento dos riscos e a avaliação dos diferentes níveis do processo de adoção podem permitir a redução de fracassos, por vezes dramáticos para todos os envolvidos. Ao mesmo tempo, a clínica da adoção é instrutiva no que concerne a capacidade da família de manter associadas as três filiações, a saber: a biológica, a jurídica ou social e a psicológica ou simbólica, sem forcluir ou recalcar o elemento biológico. Pois "tudo que é recusado na ordem simbólica, no sentido da *Verwerfung* (forclusão) reaparece no real" (Lacan, 1985, p. 21).

Sabemos que o processo de filiação é bastante complexo. Ter um filho não se resume ao fato de procriar, de engravidar. É preciso considerar dois desejos não são a mesma coisa: o de engravidar e o de ter um filho. Eles são distintos. Como nos ensinou Dolto (1998), toda criança, além de ser concebida, deve ser adotado pelos seus pais. Isso significa dizer que a filiação não é apenas uma questão de corpo ou de filiação biológica. Cada sociedade tem seu próprio sistema de parentalidade e de filiação, e trata-se de um sistema de lugares e de posições, de relações ordenadas pela lei (Legendre, 1990). Como expresso por Lacan (1998/1953), o simbólico faz furo no real do corpo, a saber, ele modifica o estado natural e permite a construção de laços. É preciso então que cada criança ocupe um lugar na genealogia de sua família a fim de tornar verdadeiramente filho ou filha.

No caso de uma filiação adotiva, a filiação biológica se encontra dissociada das outras duas, mas não anulada, porém pode tornar os laços de filiação vulneráveis, sobretudo em uma sociedade que valoriza o aspecto genético e os tribunais reconhecem como pai aquele identificado no DNA. Por outro lado, o jurídico, ao interditar a ação nociva dos pais biológicos sob seus filhos – nos casos de negligência e de abuso –, com a perda do poder da família biológica sobre seu(s) filho(s), produz uma cisão entre a filiação biológica e as outras duas filiações. A certidão de nascimento é substituída por uma nova certidão, entretanto, os dados da sua história de origem ficam arquivados. Atualmente, a Coordenadoria Geral da Criança e da Juventude do TJPE criou o projeto "Sei quem

140 "O QUE QUER UMA MULHER QUANDO ADOTA?"

sou", no qual foram digitalizados todos os processos de adoção e tais dados estão disponibilizados para os adotados que desejam conhecer sua história. No nosso entender, isso representou um avanço e uma forma de mostrar que a cisão das duas filiações – a biológica da adotiva –, com o novo registro de nascimento, não significa anulação da primeira, pois esta continua a existir nos arquivos. Tal ato se harmoniza com a nossa preocupação de fortalecer a herança simbólica sem anular do discurso a filiação biológica e, assim, manter as três filiações.

Nossa experiência com a clínica da adoção começou em 2005. Criamos então o Serviço de Orientação para Filiação Adotiva (SOFIA), ligado à Clínica de Psicologia da Unicap e ao Programa de Mestrado e Doutorado em Psicologia Clínica. O SOFIA inaugurou uma prática discursiva em torno da prevenção dos riscos em matéria de adoção, sendo pioneiro no Brasil como serviço oferecido por uma universidade. Ele visa integrar o ensinamento e a pesquisa à atividade da clínica psicológica.

Essa prática tem suscitado o interesse de vários grupos de trabalho sobre a adoção e nós apresentamos e discutimos, em várias ocasiões, nossa experiência em encontros científicos no Brasil e na França. Parte desse trabalho já tivemos a oportunidade de discutir na Université d'Angers (2013), na École de Psychologues Praticiens (2015) e na Université Paris Diderot (2015). Desde então, avançamos em novas pesquisas que serão apresentadas e discutidas aqui; em particular, três pesquisas que serão abordadas meta-analiticamente: duas em nível de doutorado e uma em nível de mestrado.

Primeiramente, faremos uma curta explicação da meta--análise. Trata-se de um método de trabalho investigativo introduzido por Smith e Glass, em 1977, com o propósito de avaliar a eficácia da psicoterapia (Lovatto, Lehen, Andretta, Carvalho, & Hauschild, 2007); depois, foi estendido para diversos campos do conhecimento com o propósito de comparar os resultados de vários grupos de pesquisa. Hoje ele é bem utilizado pela necessidade, cada vez mais premente, de sistematizar diferentes saberes e promover uma crítica constante do que tem sido produzido.

A meta-análise se consolida como um importante método de pesquisa que permite mostrar a existência de outras maneiras de proceder a intepretação de dados por outros pesquisadores sem anular as interpretações de autores anteriores. Embora essa nomenclatura só tenha aparecido em 1977, essa forma de tratar dados de pesquisas anteriores não é nova, Freud fez assim com trabalhos da literatura, da antropologia e das artes. Nós utilizamos esse método para proceder a uma nova abordagem dos resultados e conclusões de pesquisas desenvolvidas pelos estudantes de mestrado e de doutorado. Isso nos levou a redimensionar o próprio campo do trabalho de pesquisa que oferece uma gama de respostas e de soluções além dos objetivos da pesquisa engendrada. Também, esse novo olhar relança e redireciona a questão inicial para outros campos.

Vamos, então, refletir sobre os dados das três pesquisas de campo mencionadas anteriormente. Cada uma, à sua maneira, procedeu a uma interpretação dos depoimentos registrados nos dossiês de adoção. São elas:

(1) A pesquisa de doutorado desenvolvida por Edineide Silva coloca a questão seguinte: o que quer uma mulher quando adota? A doutoranda analisou 95 dossiês de pedidos de adoção formulados por mulheres inférteis e sem filhos. Nesse trabalho, ela destaca que o pedido de adoção constitui o último recurso para ter um filho. As mulheres falam da necessidade de preencher um vazio,[2] a necessidade de dar amor, de educar, de transmitir e de

---

2 Segundo Kristeva (n.d.), a mulher é um buraco (fêmea, *nekeva* em

142 "O QUE QUER UMA MULHER QUANDO ADOTA?"

ser feliz. Tudo isso é vivido com sentimentos ambivalentes. Certos depoimentos revelam um estado de melancolia consequente do fato de não terem conseguido engravidar.

(2) A tese de Sheila Speck, ainda em curso, procura entender o que leva certos pais a demandar uma adoção para, em seguida, desistir, devolvendo a criança para a instituição. Ela visitou todas as instituições de acolhimento de crianças em Recife e identificou mais de quarenta casos durante o ano de 2017 (período em que foi feito o levantamento) de restituição. Mesmo se apoiando nos depoimentos sucintos dos pais adotivos (principalmente os das mães) lá registrados, há elementos importantes a considerar e analisar. Ela contou também com depoimentos informais das equipes técnicas das instituições, que forneceram mais detalhes sobre a devolução e as consequências sobre as crianças.

(3) E o trabalho de dissertação realizado por Caroline Albuquerque que analisou a especificidade do laço entre filhos e pais no caso de adoções de crianças maiores. Ela mostrou que, nestes casos, as crianças se aproximam com mais facilidade dos pais adotivos que das mães adotivas, mesmo que o pedido de adoção tenha sido feito pela mulher. Albuquerque trabalha no setor de adoção do estado de Pernambuco e selecionou quatro casos da instituição para análise.

Entendemos que esses três trabalhos de pesquisa colocam uma questão muito importante quanto ao desejo da mulher de ter um filho. Gostaríamos de destacar, no que diz respeito a isso, que nós distinguimos bem o desejo de engravidar do desejo de ter um filho. Ambos estão envolvidos na maternidade, mas se diferenciam. Geralmente, faz-se uma apreciação dos dois como sinônimos. Raros

---

hebreu). A virgem é um buraco na trindade cristã Pai/Filho/Espírito Santo e uma rainha na igreja.

são os casos nos quais uma mulher, ou um casal, o formulam assim: "Eu gostaria de ter um filho, mas não desejo engravidar". Na verdade, a maioria das mulheres desejam engravidar para ter um filho.

Os números indicam que, no Brasil, mais de 80% das mulheres demandam adoção depois de várias tentativas para gravidar. Elas se submetem a procedimentos sofisticados para engravidar e então, depois de vários fracassos, consideram ter um filho pela via da adoção.

Em Lisboa existe uma associação – a Associação Projecto Artémis – criada para acolher mulheres que vivenciaram vários fracassos no processo de gestar, ou por interrupções ou por impedimento na fecundação. O trabalho da associação foi publicado em uma obra intitulada *Maternidade interrompida* (Pontes, 2009) sobre a qual também realizamos um trabalho meta-analítico (Borba, 2015). Pudemos constatar que existe uma diferença entre o luto vivido depois de cada gravidez interrompida, perdida, e o luto vivido quando a mulher "perde" a capacidade de procriar. Contudo, essas mulheres não abandonam o desejo de ter um filho.

Segundo Kristeva (n.d.), a fertilidade feminina e o período de gravidez constituem um polo de fascinação imaginária. As ciências da vida e a obstetrícia dominam cada dia mais o enigma da gestação, que conferia anteriormente um poder à mãe; mesmo assim, a maternidade continua a fascinar as mulheres e o aparato biotecnológico é colocado à serviços das que desejam gestar. E mesmo quando os exames indicam uma impossibilidade, continuam a reivindicar o poder de ser mãe.

As mulheres só recorrem à adoção após terem se submetido a procedimentos dolorosos e arriscados, com consequências às vezes traumáticas. Elas chegam à adoção com a privação da gravidez, com a castração de seu desejo de procriar, mas o desejo de ser mãe se mantém. Nos casos estudados por Silva (2016) – relativos à

144 "O QUE QUER UMA MULHER QUANDO ADOTA?"

questão do que quer uma mulher ao adotar – as mulheres reivindicam serem mães e terem filhos, apesar das impossibilidades biológicas, apesar do caráter insuportável de suas experiências fracassadas de engravidar.

Há um imperativo de ser mãe. Elas falam de um afeto que parece estar disponível, desde os primeiros tempos, desde suas infâncias quando elas pensavam que quando fossem "grandes", elas teriam um filho. Nós podemos chamar isso de "paixão maternal", uma expressão usada por Kristeva (n.d.) para descrever um impulso arcaico transmitido de mãe para filha.

Lacan, Melanie Klein e Winnicott falam de uma "função materna" (de maneiras diferentes) como essencial à organização psíquica da criança. A relação mãe-filho constitui a principal base para todas as outras relações do bebê no mundo exterior. Mas sabemos que essa relação precoce, ao mesmo tempo que ela é de grande importância para o desenvolvimento da criança, se caracteriza por afetos contraditórios de amor e de ódio. A instabilidade dessa relação a torna suscetível de se transformar numa exaltação maníaca ou numa depressão. As pulsões de vida e de morte são vividas com tamanha intensidade que, como colocou Kristeva (n.d.), "a maternidade, com suas violências de amor e de ódio se assemelha a uma análise dos estados limite, da perversão e da psicose". E Kristeva continua: "eu digo então que a maternidade é uma perlaboração pré-analítica da perversão e da psicose".

Por essa razão, a autora prefere falar de "paixão maternal", uma paixão no sentido em que as emoções (de apego e de agressividade em relação ao feto, ao bebê, à criança) se transformam em *amor* (idealização, projeto de vida no tempo, dedicação etc.) com seu correlato de *ódio*, mais ou menos atenuado. É preciso uma transformação da libido. É preciso que a mãe sublime sua paixão ambivalente e permita ao filho criar uma linguagem própria. A "mãe suficientemente boa", para Winnicott, seria aquela que permite ao *infans* criar o espaço transicional capaz de lhe permitir pensar. Assim, a mãe suficientemente boa é aquela que sublima sua paixão ambivalente.

O trabalho de perlaboração, de sublimação da "paixão maternal", pode ser feita sob a forma de trabalho analítico ou autoanalítico, sem gestação nem parto, como no caso da adoção.

Mas as mães preferem tirar vantagem da sacralização da barriga e da comercialização do "filho perfeito", do "filho rei", do que elucidar os ricos e os benefícios que essa paixão comporta para elas mesmas, para a criança, para o pai e para sociedade. Kristeva observa que a "paixão maternal" desbiologiza o laço à criança. Como no caso da adoção, a filiação biológica é desligada da filiação simbólica, esses riscos e esses benefícios se revelam. Talvez essa seja a razão pela qual, no meu entender, a equipe que trabalha no setor da adoção se mostra particularmente atenta a esses riscos. O fato de não estar implicada a filiação biológica libera, de certa forma, nas mães a expressão dessa paixão: seja pela paixão de ter um filho, seja fazendo desse filho o depositário dessas ambiguidades (indo da extrema projeção ao traço perverso).

Nos estudos de Silva (2016), nós observamos que a equipe encarregada de acolher as demandas de adoção feitas por mulheres tem três preocupações fundamentais:

(1) Identificar todo traço de criminalidade materna (maus tratos diversos), e isto por duas razões: primeiramente, porque a maioria das crianças disponíveis à adoção tiveram a perda de poder de suas famílias biológicas, por abuso e negligência, de maneira que essas crianças já têm, "atrás" delas, uma história de criminalidade materna; e, em segundo lugar, porque a legislação brasileira atual sobre a adoção destaca a necessidade de

achar uma família para uma criança e não uma criança para uma família. Portanto, visa o bem-estar da criança.

(2) Saber se a mulher, ou o casal, já elaborou o luto do filho biológico que não veio e se transformou o desejo de engravidar em desejo de ter filho.

(3) Levá-los a falar à criança sobre sua origem, não esconder essa informação. Quer dizer, fazê-los entender que não se pode anular, omitir a questão biológica.

Entre gerar e ter um filho por adoção há uma tensão que deve ser elaborada, mesmo quando o discurso corrente é de que: "um filho é um filho, adotivo ou natural, as alegrias e os problemas são os mesmos". Há sempre uma ambivalência nos discursos das mulheres, que essas três preocupações da equipe revelam.

Nessa negação da gravidez e da maternidade, se desenha uma catástrofe banalizada da "relação de objeto" que é preciso considerar. A demanda de adoção pode mascarar ou estimular uma perversão e uma psicose, mesmo nas mulheres aparentemente socializadas e sem problemas. Autores como Granoff e Perrier (2002) e Dor (1991) mostraram que a perversão no caso da mulher aparece na maternidade. Do mesmo modo, Green (1983), Lacan (1995 [1956-1957]), Soler (1977) falam da loucura maternal habitada de fantasmas tão violentos quanto reparadores, nos quais as pulsões de vida e de morte se confundem e se sobrepõem.

Pode-se dizer, afinando o conhecimento dessa paixão plena de loucura e de sublimação, que há uma "selvageria maternal", expressão empregada por Dufourmantelle (2016-2001, p. 18), certamente arcaica e pré-histórica, mas que constitui o espaço de excesso. "Um espaço-tempo pré-edipiano, um território de pulsões caóticas e violentas". A selvageria não diz respeito somente a crueldade, ela designa a vida, ela é o que faz com que uma mãe seja capaz de

ADOÇÃO 147

praticar o infanticídio, mas também de sacrificar sua vida pelo filho; isso significa dizer que na maternagem se vive dois sentimentos igualmente forte de ódio e de amor, o que levou Lacan a forjar o termo "amódio". Contudo, cada mulher porta em segredo juramentos que a liga à sua mãe. Juramentos mortíferos ou liberadores que desenham um destino e que podem fazer irrupção nesses momentos de se tornar uma mãe.

Nós acompanhamos um caso de adoção de uma menina na qual a família adotiva já tinha filhos adultos consanguíneos. O desejo de adotar, e de adotar uma menina, vinha da parte da mãe. Após a adoção, a mãe passou a manifestar uma agressividade incontrolável em direção à filha adotiva. Essa atitude provocou a indignação de seu marido e dos filhos, pois ela não reagiu da mesma maneira com seus filhos. Então, essa mulher demandou uma adoção para atualizar esse fantasma do ódio? Na história dessa mulher, havia episódios de muita agressividade dos pais para com ela. Entretanto, isso não se passou sem culpabilidades e foi isso que a fez procurar ajuda. Como observa Benhaim (1992/1998, pp. 127-128), "ser mãe poderia se traduzir por ser responsável por um outro. Quer dizer, ser mãe, para ser culpada de tudo o que se passa a esse outro".[3]

Da mesma forma acontece no caso dos pais que adotam uma criança para em seguida devolvê-la, restitui-la à instituição. A maioria das razões parentais colocada para justificar a restituição da criança são bizarras e cruéis, ao ponto em que certos tribunais instituíram multas para aqueles que devolverem crianças adotadas sem apresentar uma razão plausível para tal. A legislação brasileira concede a possibilidade de não aceitação da criança e, em

---

3 "... être une mère pourrait se traduire par être responsable d'un autre que soi. C'est à dire, être la mère, par être coupable de tout ce qui a trait à cet autre" (Bemhaim, 1998, pp. 127-128).

consequência, seu retorno à instituição no período de adaptação previsto – o estágio provatório – quer dizer antes da homologação da adoção. Não se trata de colocar em questão tal direito, mas de refletir sobre as razões pelas quais esse fenômeno se produz.

Atualmente, uma das principais preocupações dos organismos competentes é de evitar a banalização da devolução de criança na fase probatória. Os estudos de Speck (2014) mostram as consequências desastrosas e traumatizantes desse ato para as crianças. A criança vive cada devolução como um novo abandono. Algumas mulheres manifestam culpa por tal ato, outras, indiferença. Podemos então dizer que existe um desejo perverso da parte dessas mães? Ou será que os fantasmas próprios à loucura materna se tornam manifestos desta situação? Ou, nessa situação, torna-se manifesto os fantasmas próprios da "loucura maternal"? Nós podemos considerar a hipótese de que o tão grande amor que as mulheres dizem ter para dar a uma criança e que justifica a demanda pela adoção foi transformado em ódio por não ter o direito engravidar. Trata-se, portanto, de uma questão narcísica bem arcaica. No caso de casal, o homem que se ressente dessa decisão de devolver a criança, mas ele se rende a decisão da mulher.

É surpreendente o lugar ocupado pelo pai nas demandas de adoção. Ele sustenta o desejo de sua mulher; é raro ele falar de seu próprio desejo. Se é verdade o que nos ensina Hamad (2002), ou seja, que no desejo de ter filho se implicam dois desejos – o do homem, o de dar um filho à sua mulher, e o da mulher de ter um filho com o seu homem –, não é sempre isso o que vamos escutar nas demandas de adoção. Mais de 80% dos pedidos de adoção são feitos pelas mulheres (casadas ou não). Ter um filho é verdadeiramente uma questão da mulher, como nos diz Freud (1931/1969).

Essa realidade põe uma questão nas adoções de crianças mais velhas. Raros são as demandas por adoção dessas crianças. Eles vêm geralmente de casas homossexuais masculinos, de famílias que já têm filhos ou após um longo tempo de espera por uma criança de idade mais baixa. Jamais elas representam a primeira opção das mulheres sem filhos. O imperativo de ser mãe, do qual já falamos, aparece sob o desejo de exercer a maternagem.

Os estudos realizados por Albuquerque (2016) sobre *O processo de filiação de crianças maiores aos pais adotivos* mostram que essas crianças apresentam dificuldades de se ligar à mãe adotiva e vice-versa. Elas preferem se aproximar do pai adotivo. Não ocupar o lugar do Outro Primordial torna essas mulheres muito infelizes. Elas se sentem usurpadas de seus lugares, rejeitadas e, em alguns casos estudados, a mão adotiva manifestou melancolia.

Berger (2003) fala de "fatores de rico" e de "inadaptabilidade" nos casos de adoção de crianças mais velhas. É indispensável levar em conta de um lado as condições em de cada criança e/ou adolescente a adotar e de outro, às condições de cada pai. Uma criança com um passado pesado de violência, de estado contínuo de errância nas ruas, uma criança politraumatizada pode constituir um risco à adoção quando não se prepara os pais nem lhes oferece uma assistência durante o processo de formação dos laços afetivos.

Os estudos de Albuquerque mostram uma realidade bem específica que é a questão da formação do laço afetivo com a mãe adotiva sem o espaço-tempo da aternagem. Nesses casos, o pai que faz a função de apresentar a mãe ao seu filho ou filha. Se não há um fortalecimento do lugar do pai e ele, por sua vez, não reconhece a sua mulher como capaz de ser uma mãe, a recusa inicial da criança em reconhecê-la como mãe a faz rejeitar a criança, que retornará à instituição.

Os três estudos colocam em evidência a questão de ter um filho e da mulher. Nós discernimos claramente nos casos de adoção que

150 "O QUE QUER UMA MULHER QUANDO ADOTA?"

a paixão maternal oscila entre o amor e o ódio, entre possessão do filho e a rejeição quando este não se deixa conduzir.

Conclusão

Acreditamos que a discussão, a pesquisa e o estudo da formação de laços familiares ultrapassam o quadro estrito da filiação adotiva e representam uma contribuição importante à reflexão e ao questionamento do processo de filiação nele mesmo. A adoção interroga a essência do laço familiar sem os laços de sangue que o reassegure, isso quer dizer que interroga os elementos simbólicos que ligam os filhos aos seus pais, revelando ao mesmo tempo as questões arcaicas presentes no desejo de filiar, no desejo de ser mãe.

Se a chegada de um filho em uma família é sempre reveladora de solidez – ou não solidez – psíquica de cada pai, nos casos de uma adoção, a vulnerabilidade repousa não apenas sob o fato de que a filiação biológica se encontra dissociada da filiação jurídica e psíquica, mas também sob considerações importantes, como:

(1) A infertilidade do casal pode constituir um obstáculo ao reconhecimento do lugar de pai/mãe. Por exemplo, certos casais, narcisicamente afetados pela incapacidade de gerar, tem dificuldade de se incluir na cena parental, o que se torna um problema, afetando a relação entre o adotante e o adotado. Trata-se, então, de trabalhar sobre dois desejos: o de engravidar e o de ter um filho.

(2) O luto da criança biológica e a restauração/ o reestabelecimento da condição potencial de ser pai e mãe e de fundar uma família.

(3) A sombra do passado das crianças que recaem sob o casal parental.

(4) As condições de cada criança e/ou adolescente a adotar.

(5) A capacidade da mulher de sublimar a paixão ambivalente. Casos de perversão e de restituição da criança à instituição.

A clínica da adoção é preventiva no sentido em que ela precisa identificar os riscos a fim de intervir sobre tais, e assim reduzir os fracassos, às vezes dramáticas para todos. Desenvolver essa clinica significa um trabalho de pesquisa constante junto ao setor da adoção. Essa clínica é também chamada "clínica experimental" (Harf et al., 2013).

A clínica da adoção é instrutiva em matéria de capacidade da família de manter associadas as três filiações. Ela tem um papel essencial na formação do laço de filiação, porque dá à criança um quadro familial suscetível de permitir-lhe ultrapassar a dimensão biológica da parentalidade, assegurando de mesma forma sua construção indenitária e subjetiva. Ela tem, paralelamente, contribuído e contribui para a definição de uma política de assistência às crianças e à normalização dos procedimentos de adoção. Por exemplo, os estudos conduzidos por Albuquerque sobre a adoção de crianças mais velhas geraram transformações nos procedimentos em prática pela equipe do setor de adoção, relativas à preparação dos pais e das crianças em questão, considerando que a adoção de crianças maiores tem características distintas das adoções de bebês e crianças bem pequenas.

Referências

Albuquerque, C. M. M. (2016). *O processo de filiação de crianças maiores aos pais adotivos.* (Dissertação de mestrado em Psicologia Clínica). Universidade Católica de Pernambuco, Recife.

Benhaïm, M. (1992/1998). *La folie des mères.* Paris: Imago.

152 "O QUE QUER UMA MULHER QUANDO ADOTA?"

Berger, M. (2003). *L'enfant et la souffrance de la séparation: divorce, adoption, placement.* Paris: Dunod.

Borba, M. C. L. (2015). *Os bastidores da adoção: o luto do "esperado" filho biológico.* (Dissertação de mestrado em Psicologia Clínica). Universidade Católica de Pernambuco, Recife.

Dolto, F. et Hamad, N. (1998). *Destinos de crianças.* São Paulo: Martins Fontes.

Dor, J. (1991). *Estrutura e perversão.* Porto Alegre: Artes Médicas.

Dufourmantelle, A. (2016 [2001]). *La sauvagerie maternelle.* Paris: Payot.

Freud, S. (1931/1969). Sexualidade feminina. In Freud, S. *Obras Completas* (v. 21). Rio de Janeiro: Imago, pp. 257-279.

Granoff, V. & Perrier, F. (2002). *Le désir et le féminin.* Paris: Champ Flammarion.

Green, A. (2002). *La pensée clinique.* Paris: Odile Jacob.

Green, A. (1983). Narcissisme de vie narcissisme de mort. Paris: Les Éditions de Minuit.

Hamad, N. (2002). *A criança adotiva e suas famílias.* Rio de Janeiro: Companhia de Freud.

Harf, A. et al. (2013). La consultation « adoption internationale », une lecture multiple et métissée. *Adolescence, 3*(3), pp. 521-530. DOI: 10.3917/ads.085.0521.

Kristeva, J. (n.d.). *La passion maternelle.* www.kristeva.fr/passion_maternelle.html, page consultée le 9 octobre 2016.

Lacan, J. (1953/1998). Função e campo da fala e da linguagem em psicanálise. In Lacan, J. *Escritos.* Rio de Janeiro: Jorge Zahar, pp. 238-324.

ADOÇÃO 153

Legendre, P. (1990). *Filiation*. Fondement généalogique de la psychanalyse. Paris: Fayard.

Lovatto, P. A., Lehnen, C. R., Andretta, I., Carvalho A. D., Hauschild L. (2007). Meta-análise em pesquisas científicas: enfoque em metodologias. *Revista Brasileira de Zootecnia, 36, suplemento especial*, pp. 285-294.

Pontes, M. M. (2009). *Maternidade interrompida: o drama da perda gestacional*. São Paulo: Ágora.

Queiroz, E. F. et Passos, M. C. (Org.). (2012). *A clínica da adoção*. Recife: Ed. Universitária UFPE, pp. 17-21.

Queiroz, E. F. (2015). *Adoption et filiation au Brésil*. L'exemple d'un travail clinique d'accompagnement de l'adoption au Pernambouc. Présentation orale faite à l'Université d'Angers en 2015. In *Figures de la filiation*: Presses Universitaires de Rennes.

Silva, E. M. (2016). *As mulheres inférteis e sem filhos: suas demandas de adoção e a escuta psicológica na Vara da Infância e Juventude do Recife*. (Tese de doutorado em Psicologia Clínica). Universidade Católica de Pernambuco, Recife.

Silva, T. P. (1996). *Direito da criança e do adolescente: uma proposta interdisciplinar*. Rio de Janeiro: Renovar, p. 47.

Soler, C. (1997). *Ce que Lacan disait des femmes*. Paris: Éditions du Champ Lacanien.

Soulé, M. (1972). «L'imaginaire des parents et la structuration de la dynamique familiale. Exemplarité clinique de la famille adoptive». *Revue de Neuropsychiatrie infantile, 20*, 5-7.

Speck, S. (2014). *A devolução de criança: a outra face da adoção*. Um estudo sobre o fenômeno da devolução. Projeto de tese (Doutorado em Psicologia Clínica) – Universidade Católica de

Pernambuco; Université de Rennes; Université Catholique de l'Ouest.

Winnicott, D. W. (1953/1999). Deux enfants adoptés. In D. Winnicott. *L'enfant, la psyché et le corps*. Paris: Payot, pp. 159-175.

Winnicott, D. W. (1954/1997). Armadilhas na adoção. In D. Winnicott. *Pensando sobre crianças*. Porto Alegre: Artes Médicas, pp. 126-130.

9. Cinema e adoção: promovendo reflexões sobre o projeto de adotar

Cynthia Lopes Peiter Carballido Mendes
Maria Luiza de Assis Moura Ghirardi

Noite chuvosa. Uma mulher caminha nervosamente pela calçada trazendo um bebê em seus braços. Aproxima-se hesitante da porta de uma casa e logo percebemos tratar-se de um orfanato. Ela olha nervosa para os lados e delicadamente coloca a criança em um pequeno cesto. Dá uma última olhada carinhosa no bebê, que está dormindo, bate à porta e se afasta correndo, desaparecendo na escuridão.

Não vemos seu rosto, não sabemos quem é.

Assim se inicia o filme *A família do futuro*.

Na cena seguinte, encontramos esse menininho já bem crescido. Ele se tornou um pequeno cientista, um inventor. Está ansioso à espera de um casal que vem conhecê-lo para uma possível adoção. Mas, mais uma vez, surgem em sua vida grandes desencontros no contato com os pretendentes a pais. O casal logo se assusta com suas maluquices e desiste. O menininho, muito frustrado, põe-se a pensar sobre o que se passa com ele, levando todos os candidatos a se afastar e desistir de sua adoção. Em interessante diálogo com sua

156 CINEMA E ADOÇÃO

cuidadora, pergunta se existiria algum fato em sua história que pudesse explicar o que ocorre. Formula a hipótese de que algo em sua origem venha causando entraves para o estabelecimento de novos vínculos. Sua interlocutora, desolada, diz-lhe nada saber sobre sua história, pois ninguém sequer pôde ver sua mãe biológica. Ele responde como quem teve uma ideia genial: "Mas eu vi! Só preciso achar um jeito de lembrar". A partir daí dedica-se a construir uma máquina capaz de conduzi-lo até esse tempo arcaico, no qual poderia recuperar um momento significativo de sua história e, talvez assim, conseguir dar outro encaminhamento a sua vida.

Neste trabalho que denominamos "Cinema e adoção",[1] apresentamos histórias como essa para pessoas que querem adotar crianças. Consideramos um modo de expor, refletir, discutir e elaborar os movimentos afetivos que envolvem esse tipo de filiação em suas variadas perspectivas. É também uma maneira de abordar a preparação de pretendentes a adoção.

Esta proposta de trabalho surge a partir de nossa experiência teórico-clínica de muitos anos em diversas situações ligadas à adoção de crianças. A fonte de informação vem de diversos campos: do trabalho em consultório particular, a partir da participação no Grupo Acesso – Estudos, Intervenção e Pesquisa em Adoção na Clínica Psicológica do Instituto Sedes Sapientiae, em São Paulo, da experiência acadêmica de mestrado e de diversos outros trabalhos e contextos acompanhando a prática de psicólogos e assistentes sociais que atuam diretamente na inserção de crianças em famílias adotivas.

Tais experiências têm nos mostrado que muitas pessoas tomam a decisão de adotar um tanto distanciadas de suas motivações inconscientes e sem conhecimento prévio do que

---

1 Trabalho realizado semestralmente na Sociedade Brasileira de Psicanálise de São Paulo, Diretoria de Atendimento à Comunidade, e coordenado pelas autoras.

poderão enfrentar no relacionamento com os filhos. Isso demonstra a importância de um trabalho feito antes da adoção que lhes permita refletir sobre essa decisão e suas consequências e pelo qual possam ser ajudadas a lidar com os desafios que esse tipo de paternidade pode suscitar.

O filme mencionado anteriormente conduz a alguns caminhos reflexivos. As angústias de uma criança diante da chegada de uma nova família, de reviver abandonos e o medo de não ser aceita são alguns deles. Mas fica em evidência a imediata hipótese levantada pelo menino de que algo intrigante deve ter ocorrido em sua história que deva justificar ou trazer esclarecimentos sobre os insucessos nas tentativas de ser adotado. Sua origem se torna um enigma a ser decifrado, pois sente que traz impedimentos no desenvolvimento de novas ligações afetivas. Bleichmar já nos ensinou como as intensas descontinuidades vividas pelas crianças anteriormente à adoção requerem um tipo de "ressimbolização de certo históricovivencial não transcrito" (1996, p. 70). Falamos de uma necessidade premente de encontrar alguma narrativa que dê sentido a rupturas não significadas. E de fato, em nosso país, é o que vivem diversas crianças à espera da adoção, pois muitas delas pouco sabem sobre seu passado.

Assim também ocorre com Jung, diretor e personagem do filme *Cor da pele: mel*. Narrador e protagonista se mesclam na composição de uma história autobiográfica, evidenciando igualmente a necessidade de recuperação narrativa de um percurso de vida permeado por rupturas, experiências traumáticas e poucos recursos representativos.

Aos 4 anos, Jung é levado a um novo país, a Bélgica, chegando de repente em uma família absolutamente estranha, cheia de irmãos, falando um idioma incompreensível, com novos hábitos, comidas e uma cultura muito diferente da que vivenciou. Sua

158 CINEMA E ADOÇÃO

história é narrada a partir da impactante chegada naquela família – na qualidade de estrangeiro – e descreve momentos de desamparo, de solidão, de fortes angústias e da imersão na complexidade das relações familiares.

Relatos pungentes nos contam de seu esforço para descobrir o que viveu em seu passado, por que foi separado de sua mãe de origem e quais suas raízes. Mas, ao lado disso, nos fala também de sua busca por compreender o que ele vem significar/que significado ele tem para sua mãe adotiva e para aquela família. Por que essa mulher, que já tinha tantos filhos, precisava de mais um? A pergunta que jamais foi capaz de sequer formular quando criança o leva a atuações complicadas ao longo da infância e da adolescência. Questões que na vida adulta o conduzirão a uma viagem a seu lugar de origem, permitindo-lhe, enfim, um frutífero processo elaborativo e o reencontro afetivo com sua mãe adotiva.

Vale destacar o modo como o diretor-protagonista produz esse filme, que é resultado de intenso processo de elaboração pessoal. Do lugar de desenhista profissional, um cartunista, o diretor traz um modo criativo de contar sua história – na verdade, de reconstituí-la. Assistimos ao interessante entrelaçamento de cenas reais, gravadas em vídeos caseiros e familiares de sua infância, combinadas a outras desenhadas por ele mesmo. Os espaços vazios, as angústias sem nome, os não ditos puderam ganhar representações em imagens que traçou criativamente. Desse modo, a reconstrução narrativa pôde se situar entre realidade e ficção, entre fato e mito, entre verdade e criação, em delicada costura entre a realidade histórica e a experiência afetiva vivida. Tal entrelaçamento é o que permite à criança que viveu importantes rompimentos de vínculos poder reconstruir sua história, que ganha, então, um caráter de verdade narrativa (Peiter, 2014).

Enfim, um filme que nos possibilita explorar, com os candidatos à adoção, a necessidade premente de reconstrução histórico-narrativa sabendo que o modo como aquilo que não pode ser representado é capaz de trazer significativas consequências psíquicas, além de possíveis reedições por meio de interferência nos novos vínculos.

Tal situação também fica evidente no filme *Ensinando a viver*, que mostra o menino que morava em um abrigo dentro de uma caixa de papelão. Nada sabemos sobre seu passado, mas o modo como ele vive nos conta de graves desencontros com os humanos a sua volta. Ele acredita ser de outro planeta – veio de outro lugar e está transitoriamente na Terra. Sua pele, explica ele, é extremamente sensível a nosso ambiente, daí ele precisar ficar protegido dentro da tal caixa. Também acredita que precisa usar um cinto com alguns pesos, como lastros, pois – diferentemente dos terráqueos – não está sujeito à ação da gravidade que nos mantém com os pés no chão.

As angústias experimentadas pelo menino se evidenciam em seus movimentos diante da aproximação do pai adotivo, que, provido de grande sensibilidade e criatividade, nos oferece uma verdadeira aula sobre "estágio de convivência". Na verdade, como iremos entender, a ligação entre os dois parece se sustentar em forte identificação do pai com o que se passa com o menino. O pai adotivo também havia sido um menino que se sentia diferente dos outros e vivera pouco tempo antes um luto importante. Além disso, era um escritor de ficção científica sobre alienígenas e seres de outros espaços. Tal filme vem mostrar aos pais adotivos como a força dos processos identificatórios com as dores vividas por essas crianças pode se configurar como elemento fundamental para o estabelecimento de vínculos (Peiter, 2009).

160 CINEMA E ADOÇÃO

Ao final, o comovente diálogo tem provocado nos participantes dos grupos profundas reflexões sobre como abordar com os filhos aspectos mais dolorosos de suas histórias pregressas. O menino, então frustrado e desapontado com o pai, foge de casa em busca da família de origem. Em cena permeada por intensas emoções, na qual o vínculo entre os dois está estremecido e em cheque, o menino tem coragem de lhe perguntar: "Por que meus pais de origem não me quiseram?". Momento muito tocante, que permite ao pai lhe dizer quanto o ama. Reitera o caráter duro e um tanto injusto do que já vivera no passado que, mesmo adulto, torna-lhe custoso entender como coisas assim tão difíceis e incompreensíveis podem ocorrer a uma criança. Esse é também o momento em que reafirma a natureza permanente e duradoura do vínculo que há entre eles e garante a continuidade de seus laços.

Percebemos que as crianças a serem adotadas vivenciam rupturas em seus vínculos primordiais e têm necessidade de construir uma rede de sentidos sobre sua história e suas origens em forma de narrativas (Peiter, 2011). Todos trazemos essa necessidade narrativa de nossa própria história. Experiência crucial ao ser humano, a narrativa apresentará contornos específicos na adoção – à medida que a criança vem de outro contexto familiar, suscitando nos adotantes diferentes fantasias a respeito da dimensão da diversidade – e na experiência subjetiva com o estrangeiro (Ghirardi, 2016).

Tais descontinuidades vividas pela criança a ser adotada irão impor aos pais adotantes a tarefa de ajudá-la na elaboração de sua história, que na maior parte das vezes inclui passagens dolorosas. E esse é um dos temas com os quais trabalhamos a partir das tramas trazidas pelos filmes. Cenas que são apresentadas para promover identificação, fazendo com que o espectador experimente vivamente os afetos que podem permear as situações que tendem a surgir com a chegada da criança a ser adotada.

Temos observado como os adotantes têm se beneficiado intensamente dessas experiências. Dizem que, naquele espaço criado pelo cinema tratando da adoção, sentem-se à vontade para pensar, perguntar e se questionar sobre temas que, em outras circunstâncias, não tocariam. Relatam ainda que, se tivessem que falar espontaneamente, talvez jamais fossem abordar determinados assuntos.

O adotante, diante de sua decisão pela adoção, se vê, com frequência, tomado por dúvidas, ambivalências e receios. Mas nem sempre se sente livre para expressá-los, especialmente quando se vê na obrigação de demonstrar certezas sobre seu desejo de adotar. De fato, há uma ampliação do campo de reflexões sobre o universo da adoção que a imagem propiciada pelos filmes facilita.

Essa experiência também os faz pensar em circunstâncias da filiação adotiva tomadas sem questionamentos, como mitos construídos sobre os quais não ousam indagar. No entanto, a prática clínica nos informa que o encaminhamento do desejo por um filho na adoção depara, em suas origens, com um percurso fortemente marcado por histórias de impossibilidades e desencontros em função dos desdobramentos psíquicos da vivência com a infertilidade (Ghirardi, 2014).

Assim ocorre com o filme *Pais e filhos*, que aborda o complexo tema da troca de bebês. Quando o filho completa 6 anos, seus pais descobrem que, ao nascer, o menino foi trocado por outro bebê na maternidade. O filho biológico vive aos cuidados de outra família, na mesma cidade. Tal experiência os conduz a intensos movimentos psíquicos, despertados pela falta de vínculo genético com o filho que criaram, como também a complexas relações com a criança a que deram à luz. Falamos e defendemos a força da filiação simbólica, em especial nas adoções em que não há laços biológicos. Mas somos confrontados com importantes reflexões diante dessa trágica situação. Podemos mesmo ignorar o laço sanguíneo? O que fazer ao saber que há uma criança com a qual existe uma ligação genética, mas com a qual jamais tivemos ligações afetivas? O laço biológico tem alguma importância?

Esse filme tem sido um valioso recurso por desencadear profundas reflexões sobre o modo de filiação adotiva e, em suas especificidades, quando não conta com o apoio do laço biológico.

Algumas ideias são perturbadoras, outras causam grandes emoções. Muitas vezes temos no grupo situações de grande impacto afetivo e discussões fervorosas. Já passamos por casos em que algumas pessoas pareceram se sentir um tanto ameaçadas e, eventualmente, acusadas. Mas é fato que todos saem tocados pela experiência.

A importância de uma preparação de pais e crianças para a adoção parece ser unânime entre os profissionais que atuam na área. Mas o que seria essa tal preparação? Como pensá-la? É mesmo possível preparar alguém para algo e, em especial, para se ter filhos?

No início do filme *Ensinando a viver*, temos um interessante ponto de reflexão sobre isso. O pai pretendente, ao ser chamado para conhecer o menininho a ser adotado, conversa com uma amiga próxima sobre suas dúvidas, que são imensas: "Será que tenho toda esta disponibilidade?", "Será que estou preparado?", "Quando me cadastrei para adotar, eu era casado. Era outro momento da minha vida. E agora que estou sozinho, consigo educar essa criança?", "Será que ainda quero mesmo?". Naquele momento, ele se faz vários questionamentos. Curiosamente, a amiga, que o escuta amistosa e interessadamente, lhe responde: "Por acaso você já pensou que o simples fato de já estar se perguntando tudo isso lhe mostre que talvez esteja, sim, preparado?".

Assim, nosso trabalho não tem necessariamente buscado por respostas. Nossa preocupação consiste em abrir espaço para que perguntas possam ser formuladas e elaboradas.

Citamos alguns recortes de cenas e de temas que o Cinema e Adoção vem proporcionando. Muitos são os assuntos discutidos e sempre nos surpreendemos como os grupos podem funcionar de modos diversos, evocando diferentes questões a cada filme apresentado.

Vale destacar o papel do enquadre diferenciado em que tais experiências ocorrem. Não se trata de qualquer filme, assistido em qualquer circunstância. Observamos que os grupos se formam e nos buscam como "especialistas" no tema da adoção. As pessoas parecem dirigir suas reflexões diretamente a nós, como interlocutoras ou parceiras, uma vez que nosso lugar como mediadoras do grupo se diferencia do lugar do técnico que avalia o adotante durante o processo de habilitação no fórum. Percebemos que essa abordagem tem favorecido expressões espontâneas e mobilizadoras em relação àquelas experiências subjetivas mais difíceis.

Podemos nos indagar sobre o que de fato desperta os movimentos experimentados pelo grupo. Seriam as imagens dos filmes? As histórias de adoção? À semelhança dos sonhos, os filmes mobilizam, inquietam, carregam enigmas e provocam. Sabemos, ao menos intuitivamente, que os filmes trazem reverberações no âmbito psíquico.

Campos (2003, p. 25) relembra Buñuel ao dizer que "a imagem mais poderosa que o cinema já produziu até hoje seria, exatamente, um olho sendo cortado por uma navalha". Imagem forte e impactante leva o autor a compreender que Buñuel quer destacar a necessidade de fechar os olhos para se assistir a um filme como um apelo à visão interior e não à exterior.

O olho, como uma ponte que tem o poder de unir o interior e o exterior, o consciente e o inconsciente, é elemento bastante explorado pelo cineasta Buñuel. Assim, Fernandes (2014) nos diz que o bizarro corte no olho pode ser compreendido como

164 CINEMA E ADOÇÃO

metáfora para o rompimento com a visão unilateral do espectador, anunciando uma perspectiva inédita, ainda não abordada.

Maria Lucia Homem (2014), indagando-se sobre a questão da narrativa cinematográfica, alude a sua estreita relação com o funcionamento psíquico, levando o sujeito a "criar conexões e sentido". A autora destaca o interessante jogo de câmeras e lentes e seu poder de aproximar ou afastar o espectador de seu objeto, "situando-o em espaços mais abertos ou mais fechados, colocando seu olho em close ou em distanciamento" (p. 46).

Queremos sublinhar o espaço especial que pode ocupar tal movimento de lentes que ora trazem aproximações, ora distanciamentos, trabalhando em interessante jogo de profundidades. Para além de apelo a uma visão unicamente interior, intrapsíquica, como mencionado por Campos (2003), pensamos que os filmes têm o curioso e potente efeito de se situar no âmbito da transicionalidade. Temos em mente um importante espaço que permite aos humanos se apropriar de novas verdades, um tipo de trânsito que articula fantasias ou realidades psíquicas para a apreensão de novas situações que eventualmente possam despertar angústias.

Nossas sessões de Cinema e Adoção têm início com a apresentação do filme selecionado para aquele dia. Ao final da apresentação, acendemos as luzes. Nossos olhos demoram um certo tempo para que nos adaptemos à nova luminosidade, pois saímos de uma atmosfera de certa penumbra onírica. As pessoas se levantam, algumas precisam tomar uma água, um café ou ir ao banheiro. Há uma espécie de reacomodação a um novo momento. Um tempo necessário para sair desse plano, talvez de sonho, para um outro, um segundo momento desse nosso trabalho, agora mais reflexivo. Há uma mudança no tempo e também no espaço, já que a disposição das cadeiras também adquire outra configuração. Passamos a nos organizar em círculo, de modo que agora podemos olhar nos olhos, posicionando-nos face a face. Nesse segundo tempo, falamos.

Os comentários vão surgindo espontaneamente em falas que nos lembram relatos de sonhos, de modo que essa parte do trabalho nos remete a processos de elaboração secundária do trabalho do sonho.

Ocorrem referências e comentários sobre os personagens, em um tipo de deslocamento transferencial que permite a abordagem de questões sob lentes mais distantes. Estamos conversando sobre "os outros" e sobre outras realidades vividas pelos personagens do filme. A princípio, costumamos sustentar esse deslocamento, estimulando associações e propondo a ampliação dos temas. Muitas vezes acrescentamos determinadas informações que percebemos necessárias, eventualmente incluindo dados sobre a realidade de nosso país. Nossos esforços buscam proporcionar um ambiente não invasivo, confiável e convidativo para que questões mais pessoais possam surgir.

Aos poucos, as lentes se movimentam, o ambiente se torna um pouco mais intimista. Perguntas e colocações mais pessoais vão emergindo, surgem identificações e entrelaçamentos entre as histórias dos personagens e dos participantes. É nesse espaço, quando o foco pode se ajustar a um olhar para si mesmos, que os adotantes têm sido conduzidos a interessantes momentos reflexivos.

O trabalho do Cinema e Adoção tem sido fundamentado em um determinado enquadre, sustentado por uma relação transferencial com suas especificidades. Configura-se em uma dimensão peculiar de espaços e de tempos. Envolve delicada modulação entre afastamentos e aproximações de câmeras e de lentes, oferecendo assim sua contribuição a esta complexa tarefa, sempre em transformação, de refletir e amadurecer os projetos de adoção de crianças.

166 CINEMA E ADOÇÃO

Referências

Bleichmar, S. (1966). *A fundação do inconsciente:* destinos da pulsão, destinos do sujeito. Porto Alegre: Artes Médicas.

Fernandes, D. (2014). *Análise das cenas de Um cão andaluz.* Disponível em: <https://cpalexandria.wordpress.com/2014/02/02/analise-das-cenas-de-um-cao-andaluz/>.

Ghirardi, M. L. A. M. (2014). Desejo de filho e adoção: caminhos e descaminhos. In Volich, R. M., Ranña, W., & Labaki, M. E. (Org.). *Psicossoma V.* São Paulo: Casa do Psicólogo.

Ghirardi, M. L. A. M. (2016). Origens pessoais e revelação na adoção de crianças e adolescentes. In: Ghirardi, M. L. A. M., & Ferreira, M. P. (Org.). *Laços e rupturas:* leituras psicanalíticas sobre adoção e o acolhimento institucional. São Paulo: Escuta.

Homem, M. L. (2014). A escuta fílmica. In *Cinema e psicanálise* (v. 4, Montagem e interpretação: direção da cura). São Paulo: nVersos Editora.

Magalhães, S. (2008). Cinema, sonho e psicanálise. *Cogito,* (9), 86-90. Disponível em: <http://pepsic.bvsalud.org/scielo.php?script=sci_arttext&pid=S1519-94792008000100019&lng=pt&nrm=iso&tlng=pt >

Peiter, C. (2009). Onde está a criança abandonada? Reflexões sobre o altruísmo na adoção. In Gomes, C. (Coord.). *Clínica psicanalítica de casal e família.* São Paulo: Santos.

Peiter, C. (2011). *Adoção:* vínculos e rupturas do abrigo à família adotiva. São Paulo: Zagodoni.

Peiter, C. (2014). Érase una vez un héroe. In *Adopciones:* cambios y complejidades – nuevos aportes. Buenos Aires: Lugar Editorial.

Referências cinematográficas

Anderson, S. J. (Diretor). (2007). *Família do futuro* [Meet the Robinsons]. Reino Unido, 102 min.

Buñuel, L.; Dalí, S. (Diretor). (1929). *Cão andaluz* [Un chien andalou]. França.

Jung, L. B. (Diretor). (2012). *Cor da pele: mel* [Couleur de peau: miel]. França/Bélgica, 75 min.

Koreeda, H. (Diretor). (2013). *Pais e filhos* [Soshite chichi ni naru]. Japão, 121 min.

Meyjes, M. (Diretor). (2007). *Ensinando a viver* [Martian child]. EUA, 106 min.

10. A adoção e a continuidade do ser

Cristina Rodrigues Rosa Bento Augusto

A história de uma criança inicia bem antes de seu nascimento físico. Ao ter conhecimento da gravidez, a mulher já começa uma relação com um novo ser. Essa relação poderá ser repleta de amor ou completamente desprovida de sentido e desejo.

Mesmo após anos, ainda faz parte do imaginário social a ideia de que a maternidade é algo inato da mulher, algo que a preenche, lhe dá sentido e que é sempre vivida de forma plena. No entanto, esse imaginário não condiz com a realidade e muitas mulheres engravidam em circunstâncias em que ter um filho não é um desejo ou uma possibilidade para a mulher.

Ariès (1981) expõe que as mudanças relacionadas aos cuidados com a criança começaram a surgir por volta do século XVII, pois até então o amor materno, como hoje se concebe, era inexistente. Podemos dizer que foi uma mudança significativa, já que a criança saiu do anonimato e, mesmo que ainda não ocupasse um lu-

170 A ADOÇÃO E A CONTINUIDADE DO SER

gar privilegiado, passou a ser mais valorizada e o fato de perdê-la passou a ser sentido pela família. O conceito de amor materno floresceu, passando a família a se organizar em torno da criança, principalmente a mãe. (Mello, n.d., p. 4)

Badinter (1985, citado por Mello) afirma que, após 1760, é que começam a destinar à mulher obrigações maternas, assim como publicações que tentam mudar a imagem da mulher impondo-lhes o amor materno como algo inato.

Segundo Mello, surgiu em 1685 no Brasil o primeiro *Manual de criação de filhos*, pois até então a infância e os papéis parentais não eram foco de atenção. Segundo este manual,

cabia à mãe a formação, isto é, tudo o que estava envolvido com cuidados materiais como roupas e alimentos apropriados para o filho. Na função de diretor, o pai transmitia os valores morais, religiosos, como também assegurava a manutenção econômica do lar. Só após a idade da razão (sete anos) é que a criança passaria a ocupar um lugar mais próximo ao pai. Antes dessa época, ela deveria ser cuidada pela mãe. Os pais que não assumissem esse compromisso estariam quebrando regras sociais e comprometendo a vida adulta do filho. (Mello, n.d., p. 4)

Santos (1998) salienta que o mito do amor materno pressiona algumas mulheres a assumirem seus filhos por pura obrigação, pautadas num perfil feminino que surgiu a partir do século XVIII.

Isso prevalece nos dias atuais, reforçado por um discurso moralizador que cobra dessas mulheres amor e cuidado por seus filhos.

Segundo Badinter (1985),

> *O amor materno é apenas um sentimento humano como outro qualquer e como tal incerto, frágil e imperfeito. Pode existir ou não, pode aparecer e desaparecer, mostrar-se forte ou frágil, preferir um filho ou ser de todos. Contrariando a crença generalizada em nossos dias, ele não está profundamente inscrito na natureza feminina. Observando-se a evolução das atitudes maternas, verifica-se que o interesse e a dedicação à criança não existiram em todas as épocas e em todos os meios sociais. As diferentes maneiras de expressar o amor vão do mais ao menos, passando pelo nada, ou quase nada.*
>
> *O amor materno não constitui um sentimento inerente à condição de mulher, ele não é um determinismo, mas algo que se adquire. (p. 1)*

O trabalho como psicóloga judiciário possibilita o contato com várias mulheres que, por motivos variados, não desejaram tornar-se mães dos filhos que geraram e os entregaram à adoção.

O Estatuto da Criança e do Adolescente (ECA) prevê o direito à entrega no Art. 166. Assim como em 2015, o Tribunal de Justiça de São Paulo publicou um provimento visando unificar o procedimento e fluxo de trabalho ante as situações em que uma mãe deseja realizar a entrega voluntária de um filho em adoção.

Quando o hospital verifica qualquer situação de risco ou vulnerabilidade, ou quando é informado por uma parturiente do desejo dela de entregar seu filho à adoção, o caso é imediatamente notificado à Vara da Infância e Juventude para avaliação psicossocial de urgência. A avaliação geralmente é criteriosa e detalhada e visa compreender a história da mulher, as condições familiares em que vive, as circunstâncias da gravidez, o pai da criança e a relação da mãe com ele, a família extensa e a relação que essa mulher construiu ou não com o bebê ao longo da gestação e no momento do parto.

Em alguns casos encaminhados ao judiciário, observamos na entrevista preliminar que a entrega está motivada por dificuldades financeiras, falta de suporte familiar, dependência financeira para o sustento de uma prole já numerosa etc.

O olhar atento e uma escuta apurada nos permite discernir entre os casos em que essas questões são possíveis de serem trabalhadas e ajustadas, possibilitando a permanência da criança na família, e os casos em que os motivos concretos são parâmetros fornecidos pela genitora para que possamos compreender e aceitar seu desejo e decisão pela entrega.

Ainda é difícil para muitas mulheres sustentar uma decisão de não se tornarem mães do filho que gerou e, por isso, precisam muitas vezes apontar dificuldades ou motivos concretos para tal ato.

No entanto, como psicólogos atuantes no sistema de garantia de direitos, temos a árdua tarefa de balizar direitos por meio da escuta e do interesse legitimo pela história daquele que atendemos. Respeitar o direito da entrega de um filho à adoção é tão importante quanto auxiliar uma mãe, cuja decisão não está amadurecida ou que realiza o ato por culpa ou medo de não conseguir prover seu filho a acessar seus direitos e uma rede de apoio que lhe sustente e acolha para que possa se tornar mãe de seu filho.

São muitas as questões envolvidas no direito à entrega de um filho à adoção, mas, neste trabalho, pretendo relatar a experiência de um atendimento a uma mulher que entregou sua filha em adoção e o caminho percorrido até a colocação desta criança em adoção. Os nomes utilizados são fictícios e os dados pessoais foram alterados para garantir a preservação do sigilo.

Sobre a entrega

Maria, cerca de 40 anos, deu à luz a uma menina, branca, saudável. Após o nascimento da filha, solicitou a presença da psicóloga e assistente social do hospital, informando que desejava entregar a filha em adoção. A equipe psicossocial do hospital realizou atendimento e escuta atenta da parturiente, elaborando um relatório detalhado sobre tudo que puderam colher de informações e compreender sobre o caso e encaminharam à Vara da Infância e Juventude para avaliação e providências.

A criança foi colocada *sub judice*, ou seja, ficou internada no hospital até a decisão judicial, sendo proibida a entrega da criança a quem quer que seja.

Desgastada e amedrontada, Maria se apresentou no atendimento psicológico. Relatou que possuía idade mais avançada, três filhos, sendo alguns adultos e um adolescente e que jamais imaginava engravidar novamente.

Relatou que um de seus filhos demanda muito de sua atenção, pois frequentemente infraciona e já cumpriu medida socioeducativa. Relatou que sempre conversou com os filhos sobre gravidez não planejada, o uso de contraceptivos e não imaginava viver a situação em que se encontrava.

O marido passa longos períodos longe de casa e é agressivo com os filhos. Há anos vive situação conjugal conturbada, com dúvidas sobre a fidelidade do marido, suas ausências, a falta de um companheiro ao seu lado etc., quando numa festa envolveu-se sexualmente com um homem e acabou engravidando.

Afirma que tudo ocorreu muito rápido e de forma impulsiva. Não trocaram telefones, não sabe sequer seu nome. Envergonha-se de contar-me tal história e considera isso algo comum para homens, mas repudiável numa mulher, em suas palavras.

Ao engravidar, viu-se diante da impossibilidade de assumir essa criança, fruto de uma relação extraconjugal e desprovida de afeto ou significado. Considera igualmente inimaginável a possibilidade de mentir para o marido apontando-o como pai. A data da gravidez também pouco condizia com o período de estadia do companheiro em casa.

Enfim, Maria dava-me seus argumentos concretos para que eu compreendesse que não havia espaço em sua vida para essa criança. É muito difícil, mas extremamente importante conseguir discriminar se os motivos e dificuldades apresentadas são situações que precisam ser reparadas ou se são produtos concretos criados para nos fazer entender e assim aceitar a impossibilidade da mulher ficar com seu filho.

O mito do amor materno, descrito por Badinter, torna para muitas mulheres impossível e inimaginável o simples fato de não desejar o filho. Nessa situação, muitas mulheres sentem que precisam apontar situações concretas que justifiquem sua impossibilidade de permanecer com a criança. Ante a isso, o trabalho do psicólogo judiciário é escutar atentamente e construir junto com essa mulher a compreensão sobre se há um amadurecimento pela entrega ou um pedido de socorro e apoio.

Pergunto como foi a gravidez e como lidou com as alterações do corpo na convivência familiar. Maria relatou que sempre foi gordinha e, por isso, demorou para que seu corpo se alterasse de forma significativa. Nos últimos meses, deixou o emprego e mudou-se para um outro local, dizendo aos filhos, já crescidos, ter arrumado um trabalho temporário que não poderia recusar.

Maria realizou acompanhamento pré-natal, pois preocupava-se em saber se o bebê crescia saudável. Preocupava-se também com sua saúde e a gravidez em sua idade. No entanto, desejava manter sigilo de sua gravidez. Assim, deslocava-se para um posto de saúde distante de seu local de moradia, com o objetivo de não ser reconhecida por ninguém.

Relata de forma emocionada que conforme a barriga foi crescendo e sentia o bebê mexer dentro dela, sentia um misto de aflição e encantamento. Refere que relembrava da gravidez de seus filhos e da maternidade que lhe fez bem, ao mesmo tempo que não desejava estar grávida neste momento, nem viver o que se passava.

À noite, momento em que o bebê mais se mexia, relata que conversava com a filha, dizendo que não poderia cuidar dela, não poderia ser sua mãe, mas faria de tudo para que fosse amparada numa família que a desejasse. De forma simples, mas muito consistente e emocionante, Maria contava sobre o respeito àquele bebê como um ser de direitos e alguém em separado dela, como me conta de seu processo de elaboração interna da entrega em adoção e do luto.

Ao conversar com o bebê, Maria, ao mesmo tempo, relaciona-se com essa filha, amparando e explicando sobre seus limites na maternidade e também se ouve na condição de uma mulher que entrega seu filho em adoção.

A genitora relata que muitas vezes chorava e pedia desculpas por não conseguir amá-la como uma mãe deveria amar seu filho. Seu choro não parecia o choro de alguém que tomava uma atitude incerta, mas sim o de uma mulher que sofria por não amar incondicionalmente o filho gerado.

Como de costume em casos como esse, realizamos longa orientação sobre os aspectos jurídicos envolvidos. Esclarecemos quanto à irreversibilidade da medida de entrega e sobre a possibilidade do acolhimento institucional para que pensasse melhor sobre sua decisão. Maria estava decidida e relatou que não suportaria protelar tal situação. Desejava colocar um ponto final na maternidade que conseguiu exercer até o parto.

Colhemos a anamnese familiar, visando levantar histórico de eventuais problemas de saúde da família materna, uma vez que não se conhecia o histórico do genitor. Maria conseguiu descrever fisicamente o pai, o que consideramos muito importante para que essa história seja preservada.

Pontuamos que a decisão tomada não era um crime, nem um ato que possa ser criticado por quem não viveu tudo que ela havia vivido. Ressaltamos todos os cuidados e proteção que ofereceu à criança até o momento em que estava no judiciário, expondo-se para garantir à filha o direito de ser amparada por uma família adotiva tão logo recebesse alta hospitalar. Informamos sobre como seria a audiência, quem estaria presente e qual seria a sua finalidade.

Orientamos também sobre o luto que vivenciaria posteriormente, por mais que estivesse certa da decisão tomada, aconselhando-a a buscar acompanhamento psicológico e ficasse atenta caso sintomas viessem a aparecer. Por fim, perguntamos se desejava deixar algo para a criança e ela tirou da bolsa um pequeno terço, como quem já desejasse assim fazê-lo.

Após reafirmar em audiência sobre sua decisão, foi determinada a busca imediata de pretendentes à adoção. Maria foi convidada a dar um nome à filha, o que a deixou surpresa, pois não imaginava que poderia fazê-lo. Dessa forma, a criança foi registrada como Ana (nome fictício), o nome escolhido pela mãe biológica, como um último ato de amor e respeito de Maria como responsável por essa criança.

O casal de pretendentes à adoção compareceu para entrevista psicossocial para saber do histórico da criança. Estavam ansiosos e choravam emocionados com a possibilidade de tornarem-se pais. Ficaram cientes da situação jurídica, da história da genitora, das circunstâncias que levaram à entrega da filha em adoção e decidiram conhecer o bebê na maternidade.

No dia seguinte, após visita à criança na maternidade, compareceram novamente à entrevista psicossocial informando desejo em adotar. Relataram detalhadamente sobre os primeiros contatos com Ana. Disseram que, segundo a equipe de enfermagem, desde que a genitora deixou a maternidade, no dia anterior, Ana não aceitava alimentação, por isso haviam colocado uma sonda.

O casal relata que pegou Ana nos braços e abraçaram-se emocionados. A pretendente relembra que olhou nos olhos de Ana e disse que seriam seus pais a partir daquele momento e que não ficaria mais sozinha. Relatou emocionada que explicou ao bebê que Maria não poderia mais continuar cuidando dela, mas eles iriam continuar o trabalho de Maria com muito amor e gratidão.

O casal relatou que, ainda com a criança no colo, fizeram uma oração agradecendo a Deus pela chegada da filha tão esperada. Agradeceram também por Maria ter sido tão boa com Ana durante o tempo que lhe gerou e pediram que Deus a protegesse.

178 A ADOÇÃO E A CONTINUIDADE DO SER

O movimento tão espontâneo e simbólico apontava o respeito do casal à história da criança, à mãe biológica e ao direito de Ana ser nutrida com palavras que lhe possibilitassem continuar sendo Ana. Segundo os enfermeiros, naquela noite, Ana aceitou o leite oferecido.

Informamos ao casal sobre o terço deixado pela genitora como uma lembrança. O casal se entreolhou e disse com muita naturalidade:

> *Somos evangélicos e, por isso, não usamos terços nem imagens. Para nós não faz sentido, mas para nossa filha fará. Por isso, certamente manteremos esse terço em seu berço, e depois em sua cama, para que se lembre de sempre ter sido amada e protegida.*

Relataram que sempre pensaram que se pudessem dar um nome ao filho adotivo, esse nome seria "Beatriz". Assim, decidiram que, após a adoção concluída, a criança seria registrada como "Ana Beatriz", para que mantivesse sua origem biológica e também o nome escolhido pelos pais adotivos.

A história de Ana Beatriz nos apresenta a possibilidade de se preservar a continuidade do ser numa história de adoção. A continuidade é possibilitada quando realizamos uma escuta atenda e interessada no judiciário, colhendo todo histórico biológico possível, antecedentes de saúde, história familiar da genitora e a disponibilizamos aos pais adotivos para que possam prosseguir com uma criança que, apesar de recém-nascida, tem uma história que se inicia muito antes da chegada deles.

No caso de Ana Beatriz, observamos momentos de respeito a sua existência presentes tanto na mãe biológica que buscava conversar com a filha em sua barriga como com os pais adotivos que já iniciaram os primeiros contatos com a filha resgatando sua história, sua mãe biológica de forma consistente, espontânea e afetiva.

Referências

Ariès, P. (1981). *História social da criança e da família* (trad. Dora Flaksman). Rio de Janeiro: Zahar Editores.

Badinter, E. (1985). *Um amor conquistado*: o mito do amor materno. Rio de Janeiro: Nova Fronteira.

Mello, I. S. P. B. (2002). *Amor Materno: Mito ou Realidade?* Recuperado de https://pt.scribd.com/document/52078481/Amor--materno-mito-ou-realidade

Santos, L. S. (1998). Adoção: da maternidade à maternagem – uma crítica ao mito do amor materno. *Revista Quadrimestral de Serviço Social*, (57), 99-108.

11. A capacidade de escuta do psicólogo judiciário como ferramenta de auxílio no desabrochar dos cuidados maternos: pensando sobre *holding*, *revêrie* e contratransferência

Ana Carolina Godinho Ariolli

> *Se um analista tentar trabalhar sem consultar*
> *seus sentimentos, suas interpretações serão pobres*
>
> Heimann, 1949

Introdução

Trabalhar como psicóloga judiciária é uma tarefa densa e complexa. É olhar para o sofrimento dos outros, se deparar com questões tanto emocionais como sociais, entrar em contato com os limites do próprio trabalho e da rede como um todo. Trata-se de atuar dentro de uma esfera institucional ligada ao Direito, que tem como objetivo a proteção das crianças e adolescentes, auxiliando o Juiz na tomada de decisões.

Na Vara da Infância e da Juventude (VIJ), a equipe composta por psicólogos e assistentes sociais atende a duas situações: a primeira diz respeito aos casos de suspeita de negligência, abandono ou maus tratos a crianças e adolescentes (violência física,

182 A CAPACIDADE DE ESCUTA DO PSICÓLOGO JUDICIÁRIO...

psicológica e sexual). São exemplos aqueles que estão sob a guarda dos genitores, podendo ser encaminhados para a família extensa ou para um serviço de acolhimento, como medida protetiva. Durante o período de acolhimento, são feitas avaliações psicológicas e sociais com todos esses atores, realizados contatos com o Serviço de Acolhimento Institucional para Crianças e Adolescentes (Saica) e um trabalho de parceria com a rede socioassistencial e de proteção que os atende (UBS, hospital, escola, CRAS, CREAS, CAPS, entre outros). A segunda situação ocorre quando todas as medidas já foram tomadas sem sucesso, de modo que a criança permanece no serviço de acolhimento até a maioridade, podendo ser apadrinhada ou sendo encaminhada para a adoção após os genitores terem sido destituídos do poder familiar por meio de uma determinação judicial.

O Estatuto da Criança e do Adolescente (ECA) prevê que o tempo máximo de acolhimento institucional seja de até 2 anos e a Lei 12.010/2009, uma atualização do ECA, ressalta o trabalho com a família de origem para que a criança possa voltar para casa. Nesse sentido, tenho observado em meus atendimentos psicológicos que é fundamental que essa família seja ouvida atentamente e trabalhada em suas dinâmicas de relações e com sua história que inclui perdas e ganhos, violências, questões sociais, culturais e transgeracionais. Se não observarmos como tudo isso impacta em suas questões psicológicas e emocionais e, consequentemente, em seus comportamentos e relacionamentos, esse trabalho de retorno da criança ou adolescente para casa pode ser prejudicado. Por essa razão, é importante a parceria entre Judiciário, Serviço de Acolhimento e Rede de Saúde, Educacional e Socioassistencial e demais órgãos do Sistema da Garantia de Direitos das crianças e adolescentes.

Ao falar da criança em relação a seus pais, Freud (1914) coloca que "ela será mais uma vez realmente o centro e o âmago da criação – 'Sua Majestade o Bebê', como outrora nós mesmos nos imaginávamos" (p. 108).

No entanto, das muitas famílias que atendo em situação de alta vulnerabilidade, não vejo um investimento narcísico e amoroso dos pais em relação a sua prole, ou ele existe de forma precária, sendo permeado por violência, muitas vezes decorrente de questões transgeracionais. Desse modo, me parece que as crianças acabam sofrendo uma espécie de abandono simbólico (e muitas vezes concreto) desde o início.

Percebo, durante entrevistas que ocorrem na Vara, que muitas genitoras não conseguem cuidar de forma satisfatória de seus filhos e quando ouço suas próprias histórias, muitas relatam que também não foram cuidadas por sua mãe ou que tiveram o pai ausente ou ainda uma família que não foi capaz de encarregar-se delas de forma protetiva. Muitas acabam buscando o refúgio no uso abusivo de álcool e entorpecentes. Durante os atendimentos, noto que ficam incomodadas, sentindo-se julgadas e criticadas. Isso ocorre mesmo nos casos em que elas próprias solicitam o acolhimento dos filhos. Penso que a capacidade de as ouvir sem julgamentos nesse momento é bastante importante, sendo fundamental entrar em contato com os sentimentos que suas falas e comportamentos nos despertam como psicólogos para então tentarmos compreendê-las.

Freud (1910) entende a contratransferência como algo que surge como resultado da influência do paciente sobre os sentimentos inconscientes do analista. Menciona ser fundamental que o analista tenha consciência de seus pontos cegos, caso contrário, a análise poderá fracassar. Nesse sentido, aponta a importância da análise pessoal.

Heimann (1949) usa o termo contratransferência para designar "a totalidade dos sentimentos que o analista vivencia em relação ao seu paciente ... é um instrumento de investigação dirigido ao inconsciente do paciente" (p. 172).

Neste trabalho, apresentarei um caso atendido na VIJ a partir de um processo de acolhimento institucional, analisando-o à luz da psicanálise. Embora não seja um caso típico de adoção, há muitas semelhanças com o tema que apresentarei ao longo deste trabalho. Mattei (1997) citado por Levinzon (2013) refere que

> *toda filiação é, antes de tudo, uma adoção.... O desejo de um filho surge no quadro da evolução normal do processo edipiano, no qual há a identificação com o genitor do mesmo sexo, por meio da possibilidade de exercer um papel similar ao dele, escolhendo e investindo o filho como objeto de amor. (p. 21)*

Caso atendido na Vara de Infância e Juventude

Sra. Joana,[1] 30 anos, nutricionista, é mãe de Renata,[2] 13 anos, e João,[3] 4 anos, filhos de genitores diferentes. O caso chegou à VIJ por intermédio do Conselho Tutelar, o qual denunciou a relação extremamente violenta entre mãe e filha, com queixas de agressões físicas e verbais mútuas. O relatório do Conselho Tutelar apontou que havia marcas no corpo da adolescente, mas não no da genitora. Como medida de proteção, Renata foi enviada a um Saica. A partir de então, eu e uma colega do setor social passamos a atender o caso.

---

1 Nome fictício para preservar o sigilo da pessoa atendida.
2 Idem.
3 Idem.

Em uma primeira entrevista psicológica na Vara, Sra. Joana relatou que, quando estava grávida de Renata, apanhava do companheiro, usuário de álcool e drogas. Aproximadamente três semanas após o nascimento da filha, separou-se do genitor da criança, refugiando-se na casa de sua família. A filha nunca teve contato com o genitor, mas esse a registrou.

Quanto a sua própria história de vida, Sra. Joana relatou que, em sua infância, sofria agressões físicas de seus pais, sendo que seu genitor também era usuário de álcool. Além disso, presenciava discussões entre ele e sua mãe. Para fugir desse ambiente, quando adolescente, foi morar com o namorado sem o consentimento deles. Recordou-se com grande sofrimento que após o falecimento dos genitores, ela e o irmão chegaram a passar por muitas dificuldades financeiras.

Citou que até Renata ter aproximadamente 2 anos, foi mãe solteira. Por isso, trabalhava em vários lugares para poder criá-la e pagava para que vizinhos ficassem com ela, já tendo sido cuidada por mais de uma pessoa. Disse que os cuidadores reclamavam que a criança era "inquieta". Olhando para trás, Sra. Joana pensava que "tudo o que tinha era em função dos estudos". Sentia-se orgulhosa de seu trabalho e dos bens que adquiriu em função dele, fazendo questão de dizer o valor de seu salário e desses bens. Frente às dificuldades, dizia que chegou a pensar em se matar, mas apoiava-se na religião. Posteriormente, teve outro companheiro e com ele teve João. Ficaram juntos por alguns anos, até ela descobrir que ele estava envolvido com negócios escusos. Em entrevista com Renata, ela contou que presenciava as brigas entre a mãe e o companheiro e sentia-se mal com isso. Segundo a genitora, o marido tratava Renata como filha e dava tudo para ela. Porém, ele começou a acusar a jovem de roubar seus pertences. Quando se separou, Sra. Joana sentiu-se deprimida, relatando que a filha a apoiou bastante.

A genitora contou que, sozinha novamente, teve que trabalhar mais. Deixava os filhos com uma babá, porém, referiu que esta passou a queixar-se de Renata. Assim, deixou a adolescente cuidando do irmão. Segundo ela, após alguns meses da saída do companheiro de casa, Renata passou a lhe dar trabalho: começou a sentir falta de dinheiro e descobriu que a filha estava usando seu cartão do banco. Relatou ainda que a jovem quebrava tudo dentro de casa, não respeitava regras, comia exageradamente, provocava ela e o irmão e os agredia. Segundo a genitora, tentava conversar com a filha e também a levou a uma psicóloga, a um pastor e um psiquiatra, mas Renata se recusava a fazer os tratamentos. Não entendia por que a filha agia assim, verbalizando que sempre se importou em dar roupa e comida a ela. No entanto, não citava a parte afetiva. Quando conversava com a filha sobre o motivo que a levava a ter essas atitudes, comenta que Renata não sabia responder. Levou a criança para morar com familiares, mas eles se queixaram dos mesmos comportamentos de Renata. Também tentaram levá-la ao psicólogo, sem sucesso. Quando a genitora melhorou sua condição financeira, trouxe a filha de volta para casa, sendo também um desejo de Renata. Sra. Joana acreditava não sentir amor pela filha. Já com relação a João, demonstrava carinho, preocupação e cuidado, chegando a temer que perdesse a sua guarda.

Ao conversar com Renata na VIJ, ela relatou que os conflitos com a genitora ocorriam pois ela "brigava por qualquer coisa" e a agredia verbalmente ou lhe batia com pedaço de madeira se não executasse alguma tarefa doméstica. Assim, procurava ficar longe da mãe para não brigarem. Acrescentou que a genitora punha a culpa das coisas nela. Gostaria que a mãe fosse mais paciente e que conversasse mais com ela. Acrescentou que, quando pequena, era cuidada por outras pessoas, mas ficava triste. Preferia ficar com a mãe.

Durante esse acolhimento, ocorreram algumas saídas aos finais de semana, sendo que mãe e filha iniciaram acompanhamento psicológico, mas depois interromperam. Depois de alguns meses, ambas relataram que passaram a ter maior diálogo e menos conflitos. Após uma audiência judicial, Renata voltou a residir com Sra. Joana, com a condição das duas passarem por psicoterapia familiar. No entanto, alguns meses depois, a genitora passou a telefonar constantemente para a Vara solicitando o reacolhimento institucional da filha, culpabilizando Renata. Chegou a verbalizar que as brigas e agressões entre elas haviam se intensificado e que acreditava que uma delas "iria morrer". Acrescentou que não conseguia namorar, pois a adolescente é bastante ciumenta.

Chamei a família para novas entrevistas, mas a adolescente não compareceu. O filho João confirmou os conflitos em casa e que sua irmã o maltratava. Indagada se havia buscado atendimento psicológico para ambas, conforme acordado, a genitora expôs que não iria, pois não acredita que isso iria resolver o problema. Verbalizou seu desejo em colocar a filha de volta no serviço de acolhimento ou entregá-la ao genitor. Foi tentado contato com a família extensa, mas ninguém se dispôs a ficar com a jovem. Dessa forma, foi solicitado o reacolhimento institucional de Renata. O caso por um tempo ficou apenas com a psicologia, já que a demanda maior do caso era nessa área.

Nesse segundo reacolhimento institucional, a equipe técnica do Saica relatou que inicialmente a adolescente não quis receber a genitora. Percebiam que Renata se sentia desvalorizada e revoltada por estar acolhida, culpando a Sra. Joana. Por outro lado, costumava ir para a casa da genitora mesmo sem autorização judicial, o que em um primeiro momento preocupou a Sra. Joana, com medo de represálias da filha. Em um segundo momento, a mãe passou a recebê-la sem informar à equipe técnica, sendo orientada pelo

Saica e por mim a comunicar tudo de ocorresse aos profissionais para que pudessem ajudá-la.

A mãe tendia a telefonar para mim na Vara diversas vezes, queixando-se dos serviços que a atendem ou já a atenderam. A equipe do serviço de acolhimento apontava que a genitora inicialmente possuía uma atitude inflexível e resistente, dificuldade de escuta e postura de vítima, não conseguindo perceber sua responsabilidade na situação.

Foram feitas reuniões de rede com os serviços que atendiam a família (UBS, CREAS, CAPS, Saica, escola). Os profissionais desses equipamentos relataram que tentaram convidar a Sra. Joana para acompanhamento multiprofissional no serviço, mas ela mostrava-se resistente e agressiva. A equipe do Saica relatou também como era difícil trabalhar o contato entre mãe e filha e que, embora uma acusasse a outra, ao mesmo tempo se falavam pelo celular e faziam combinados sem a anuência do serviço. Assim, todos refletiram que a genitora tendia a interferir no processo, tendo dificuldade de estabelecer uma parceria com a rede. Solicitei então à chefia do setor social que uma colega fosse designada para me auxiliar a pensar e a trabalhar no caso, o que foi consentido.Nesse ínterim, Sra. Joana iniciou um novo acompanhamento psicológico por alguns meses e interrompeu. Após o fim do ano, buscou outro profissional para si e, para a surpresa de todos, referiu que gostava bastante dele, reconhecendo que necessitava fortalecer-se emocionalmente. Observava o profissional mais disponível para ela, sendo alguém que conversava mais. Disse que estava gostando e não pretendia interromper os atendimentos. Também gostaria que Renata fizesse psicoterapia, mostrando-se preocupada com ela. Além disso, durante esse período, entrou uma nova psicóloga no serviço de acolhimento com a qual a genitora referiu ter um melhor relacionamento, expondo que ela era aberta a comunicação. Os profissionais do Saica começaram a relatar que a genitora estava se comunicando mais com as técnicas, se mostrando mais colaborativa e avisando quando a filha aparecia em sua casa. Associavam essa melhora em seu comportamento ao acompanhamento psicológico.

Em nova entrevista na Vara, as técnicas do serviço de acolhimento expuseram que, embora não assumisse, Renata parecia sentir falta da genitora e de afeto. Contaram que a adolescente dormia com um urso de pelúcia que era presente da genitora e também guardava fotos de Sra. Joana e do irmão. O Saica procurava fazer essa mediação para ajudar a genitora a conversar com a filha. Em atendimento com Renata, ela verbalizou que a mãe "nunca a elogiava e jogava as coisas na cara dela", como o fato de estar acolhida, o que a deixava chateada. Acrescentou que Sra. Joana a acusava quando ela dizia não ter feito nada de errado. E que depois, em vez de desculpar-se para ela, acaba telefonando para as técnicas, o que ela interpretava como uma tentativa de Sra. Joana "ser bem vista pelos outros". Dessa forma, tanto eu como as técnicas orientávamos para que ela escutasse mais Renata e que nem sempre impusesse a sua vontade, assim como não falasse de maneira ríspida com ela. A equipe do Saica notou que se antes enxergava que tinha um papel mais de provedora em relação a filha, Sra. Joana estava mais aberta e percebendo as necessidades emocionais e afetivas da jovem. Por outro lado, também se queixava de Renata querer as coisas do jeito dela e que ora queria falar com ela no celular, ora a bloqueava.

Em uma das reuniões de rede dos serviços que atendiam a adolescente e a família para discutir o caso, a adolescente foi convidada a participar, mas não teve interesse. Já a genitora fez questão de comparecer e demostrou bastante necessidade de falar, porém estava mais tranquila. Sra. Joana disse considerar que o relacionamento com a filha estava melhor e que reconhecia o jeito de Renata, de modo que tendia a desconfiar menos dela quando sumia algo em casa. Quando estava com Renata, procurava agradá-la e conversar mais com ela, propiciando que tivessem mais momentos juntas. Citou um episódio da filha pegar suas roupas, sobre o qual sentia-se feliz, acreditando que ela tinha esse comportamento pois a admirava. Desejava para a filha que estudasse e tivesse um emprego. Também preferia que ela voltasse para casa quando completasse a maioridade. Porém, sentia-se "pisando em ovos" com a jovem. Por exemplo, tinha o receio de tomar a iniciativa e demonstrar afeto e ser rechaçada pela filha. Os presentes na reunião tentaram trabalhar a importância de Sra. Joana dizer abertamente que tinha saudades de Renata e que desejava a sua presença na casa. Nessa reunião, abordamos o fato de que antes a genitora não estava se sentindo cuidada e agora parecia que está se sentindo mais ouvida pelo Saica, rede, VIJ e psicoterapeuta, de forma que também podia se cuidar e automaticamente olhar e cuidar da filha.

Análise do caso à luz da psicanálise

Trata-se de um caso delicado e complexo, com nuances que abarcam diversos temas e que poderiam gerar mais de um artigo. Penso que aqui poderia se falar de violência, narcisismo, competição, entre outros. Abordarei brevemente cada um desses temas, mas focando na adoção, na contratransferência e na capacidade de escuta, no sentido de acolher as demandas das pessoas atendidas no judiciário. Apesar desse não ser um caso clássico de adoção, observo que este tema está bastante presente nele.

Minerbo (2012) expõe que os psicanalistas Marie-France Dispaux e Thomas Ogden partem de Bion para tratar a ideia de que o campo transferencial-contratransferencial é "uma unidade indissolúvel formada pelo psiquismo do paciente e do analista.

Exemplo disso são as noções de rêverie, de função alfa, de transformações, de sonhar com/sonhar o paciente" (pp. 145-146).

Era notório que, apesar de ser uma profissional da área da saúde, geralmente Sra. Joana não conseguia resolver os problemas por essa via, tendendo a acionar a polícia e o sistema judiciário. Ou se buscava os recursos da saúde, logo os interrompia e tinha muita dificuldade de seguir os encaminhamentos propostos pela Vara e pela rede, boicotando-os; também costumava dar maior importância aos bens materiais do que aos afetos; se vitimizava e apresentava comportamentos de ataque ao trabalho alheio, além de não se implicar em suas próprias responsabilidades maternas. Ao mesmo tempo, Sra. Joana demonstrava grande sofrimento e constantemente solicitava ajuda. Tal ajuda, porém, dizia respeito a "livrar-se" da filha, pedindo que fosse acolhida ou delegando os cuidados dessa para outras pessoas. Além disso, telefonava na Vara diversas vezes para falar comigo, comparecia sem ter agendamento marcado, em tentativas desesperadas de ser ouvida. Dessa forma, eu tinha que entrar em contato com meus sentimentos para tentar compreendê-la.

Para Caper (1996),

> *Os elementos alfa, que recentemente se formaram na mente do analista como resultado do processamento das projeções do paciente por meio de sua função alfa, agem como algo semelhante ao conteúdo latente de um sonho. Então o analista pode "ter" o sonho que o paciente não pôde. Ao ter esse sonho, o analista está em posição de, vicariamente, tomar conhecimento dos conteúdos do paciente – conteúdos dos quais o paciente não consegue ter consciência, nem inconsciência. (pp. 189-190, grifo nosso)*

192 A CAPACIDADE DE ESCUTA DO PSICÓLOGO JUDICIÁRIO...

Ao abordar o rêverie, Bion (1962) coloca que:

> *dá-se um desenvolvimento normal se a relação entre o bebê e a mãe permitir que o bebê projete, na mãe, a sensação, digamos, de ele estar morrendo e que o bebê reintrojete essa sensação, após a permanência no seio ter feito com que a mesma se torne suportável para sua psique. Se a projeção não for aceita pela mãe, o bebê sente que se retirou da sensação dele, de estar morrendo, o significado que esta possui. Consequentemente, reintrojeta não um medo de morrer, agora tolerável, mas um pavor indefinível, sem nome. (pp. 132-133)*

Acredito que, quando bebê, Sra. Joana não teve uma mãe capaz de exercer o *rêverie* de forma adequada. Ou seja, possivelmente não conseguiu compreender suas demandas e devolver de forma tolerável, de forma a tranquilizá-la.

É possível também que a genitora não tenha tido uma "mãe suficientemente boa" para olhá-la e atender as suas necessidades. Winnicott (1960) desenvolve o conceito de *holding* ao descrever o papel da "mãe suficientemente boa" que atende às necessidades do bebê em uma fase de dependência absoluta. Para ele, o importante é que

> *a mãe através de sua identificação com o lactente sabe como se sente, de modo que é capaz de prover quase exatamente o que o lactente necessita em termos de holding e provisão do ambiente em geral. (p. 53)*

Inicialmente, eu atendia a genitora sempre que fazia contato ou comparecia sem avisar ou sem termos uma entrevista agendada.

Porém, tais pedidos passaram a ser frequentes e notei que era preciso colocar um limite neles. Algumas vezes fiz isso de forma assertiva, outras com bastante irritação. Eu sentia como se a Sra. Joana desejasse que ela fosse o único caso para eu atender e que ela era mais importante que Renata. Porém, se de um lado ela estava cada vez mais ansiosa e em sofrimento, por outro não aceitava a indicação para retornar à psicoterapia ou ser avaliada no CAPS. Ademais, as entrevistas com ela eram cansativas, pois quase não me deixava falar. Eu sentia nela uma ansiedade incontrolável, como alguém que pede por socorro e ninguém atende, ou que para ela aquilo que é oferecido não é suficiente. Aos poucos, fui podendo escutá-la e percebia que ela tinha enorme confiança em mim.

Winnicott (1952), ao expor sobre a ansiedade associada à insegurança, expõe que uma das funções maternas é de proporcionar um sentimento de segurança:

> *a ansiedade mais antiga é aquela relativa a sentir-se segurado de um modo inseguro ... o bebê pode sentir--se muito mal como consequência de uma falha que ocorre no campo dos cuidados dispensados. (p. 164)*

Conjecturo que Sra. Joana não recebeu os cuidados maternos necessários e adequados e, consequentemente, não conseguiu cuidar de Renata. Sempre me chamou a atenção o comportamento da Sra. Joana de dedicar-se ao filho mais novo, preocupar-se com ele e demonstrar afeto, chegando inclusive a temer perdê-lo, mas de tratar a filha mais velha de forma completamente oposta, mencionando não sentir amor por ela, sem investi-la de cuidado e desejando ver a filha afastada dela por sentir raiva de seus comportamentos. Ou seja, não era capaz de investir narcisicamente em Renata como "Sua Majestade, o Bebê", como fazia com João.

Dessa forma, parecia não "adotá-la" como filha, alguém pertencente a sua família.

Como diferença na criação dos filhos, também podemos supor que na gestação de Renata a genitora não teve o amparo do companheiro, sendo que ele a agredia fisicamente. Conviveu com ele até a criança ter por volta da terceira semana de vida e após foi mãe solteira, sem nenhum apoio do ambiente, a não ser de babás. Creio que, devido a essas lembranças e ao fato de Sra. Joana enxergar a filha tendo mais características do genitor (sendo estas negativas) do que dela própria, rechaçava Renata. Já na gestação e primeiros anos de vida do filho mais novo, Sra. Joana teve o amparo do genitor da criança. Ao falar do filho, associa-o com características mais positivas e demonstrando afeto e preocupação.

Também foi percebido que a genitora apresentava atitudes contraditórias: mostrava-se indignada quando as pessoas lhe diziam que era papel dela cuidar da filha. Solicitava ao Judiciário que entrasse em contato com o genitor para auxiliá-la nessa tarefa. Se por um lado era percebida a carga que recebia por criar dois filhos sozinha, o que parecia remetê-la às dificuldades financeiras de sua juventude, por outro parecia não se dar conta de que fazer Renata ter contato com um genitor que outrora a agrediu seria um risco para a filha. Durante o acolhimento institucional da filha, a genitora dizia que a casa estava tranquila, mas após algum tempo solicitava que ela retornasse, temendo que a filha corresse algum rico no serviço de acolhimento. Parecia um misto de culpa e arrependimento e também dificuldade de ficar longe dela – como se não conhecesse outra forma de relacionamento com a filha que não fosse permeada pela violência, a mesma que tinha com seus pais.

Nas entrevistas na Vara, a Sra. Joana costumava responsabilizar a filha pelos maus comportamentos. Queixava-se de Renata ter dificuldades com regras e limites, mas, sem perceber, apresentava a mesma questão. Dizia não compreender por que a filha agia dessa forma, mostrando-se cansada e angustiada. Mostrava-se perseguida com as visitas da rede, desmentindo o que estava escrito nos relatórios dos profissionais que a acompanhavam. Queixava-se de que ninguém a ajudava e somente "davam palpites", que em nenhum momento alguém pensava em procurar o genitor de Renata e que a família "abandonara a filha" sem auxiliá-la. Segundo ela, diziam que a responsabilidade era dela, o que a deixava bastante irritada.

Da mesma forma, desde o início esse caso me suscitou inúmeros sentimentos: impotência, irritabilidade, esgotamento físico e mental, persecutoriedade, compaixão, dificuldade de compreensão, ansiedade (senso de urgência), sobrecarga emocional. Ao atendê-la, receber suas ligações e até quando elaborava os relatórios do caso, me sentia invadida e perseguida, tomando todo o cuidado possível para ela não se ofender com o que eu escrevia ou se sentir atacada: sentia que era um misto de cuidado e medo de minha parte. A partir daí, comecei a pensar que os sentimentos que eu tinha ao atendê-la e ao pensar sobre o caso pareciam semelhantes aos que ela demonstrava quando falava sobre a filha, a rede e a família. A genitora parecia sentir-se observada, acusada, controlada, perseguida e sobrecarregada, como uma provável projeção de sua raiva e angústia.

Para Klein (1946),

> *A identificação projetiva está na base de muitas situações de ansiedade.... A fantasia de uma entrada violenta no objeto dá origem a ansiedades relativas aos perigos que ameaçam o sujeito a partir do interior do objeto. Por exemplo, os impulsos para controlar um objeto de dentro dele despertam o medo de ser controlado e perseguido no interior do próprio objeto. Pela*

196 A CAPACIDADE DE ESCUTA DO PSICÓLOGO JUDICIÁRIO...

introjeção e reintrojeção do objeto que sofreu uma penetração violenta, os sentimentos de perseguição interna do sujeito são fortemente reforçados; e mais ainda, porque o objeto reintrojetado é sentido como contendo os aspectos perigosos do self. (pp. 27-30, grifo nosso)

Eu sentia que atender esse caso era um trabalho denso e desgastante, pois Sra. Joana demandava grande atenção. Tendia a se colocar como vítima, o que sugeria certa manipulação. Também fazia questão de expor suas conquistas, salário e bens materiais, parecendo indicar um funcionamento narcísico, de modo que chegava a ofuscar a filha e parecendo estar em constante competição com ela, além de uma possível tentativa inconsciente de suscitar inveja nos outros. Como hipótese, é possível que fosse uma competição por cuidado, já que Renata também se queixava que dávamos maior atenção a sua mãe do que a ela. A meu ver, a genitora pedia para ser cuidada urgentemente.

No *Dicionário do Pensamento Kleiniano*, a autora Hinshelwood (1992) aponta que há várias fases na história do conceito de Melanie Klein de contratransferência, dentre elas a identificação projetiva normal que, segundo Money-Kyrle (1956) e Bion (1959), trata-se de

quadros mais claros do analista como continente das experiências intoleráveis do paciente, as quais através do processo analítico de colocar experiências em palavras, são por esse meio contidas. (pp. 271-279)

Aqui, percebe-se a natureza da empatia e o efeito terapêutico das interpretações psicanalíticas seguintes. Nos meus atendimentos, procurava ter uma empatia com a genitora, tarefa árdua, pois sentia que muitas vezes ela não tinha uma escuta para o que eu dizia e tampouco um sentimento de empatia pela filha.

Hinshelwood também menciona um outro tipo de contra-transferência em que o analista aparece como continente materno, conceito aplicado por Bion (1959, 1962) o qual refere que:

> *quando o bebê chora e efetua uma forma de comunicação projetiva na qual a sua aflição é realmente sentida (introjetada) pela mãe. Se esta for uma mãe capaz e em forma razoavelmente boa no momento, ela pode efetuar um trabalho mental dentro de si mesma para definir o problema e o que é necessário para lidar com ele. (pp. 271-279)*

Por tudo isso, comecei a tentar entender esse discurso queixoso da genitora. Me dei conta que se eu não olhasse com cuidado e atenção também para essa mãe, o trabalho não seria tão eficaz e passei a conversar sobre isso nas reuniões de rede, com a nova colega designada do setor social e com a equipe técnica do Saica, onde a filha estava acolhida. A psicóloga que a atendia no serviço de acolhimento de Renata naturalmente também já havia percebido essa necessidade de a Sra. Joana ser ouvida por nós sem julgamentos. A partir daí, Sra. Joana começou a relatar que sentia uma maior abertura da equipe e em contrapartida a equipe percebeu melhoras nela. Ademais, após inúmeras tentativas de sensibilizá-la a buscar uma psicoterapia sem interrupções, disse ter encontrado uma pessoa que havia gostado bastante justamente porque a escutava. Nesse momento, também foi se aproximando mais de Renata e começando a perceber as demandas dela.

Importante colocar que este não é um caso típico de adoção. No entanto, pode-se conjecturar que de certa forma essa genitora parecia não se sentir cuidada e "adotada" por sua própria família. Na infância, era agredida pelos genitores, perdera o contato com os familiares, sentindo-se julgada e sem auxílio. Sra. Joana também parecia não se sentir apoiada por sua comunidade, verbalizando que mais "palpitavam e se intrometiam" do que a auxiliavam. Parecia sentir-se sozinha. O valor dado ao trabalho e aos bens materiais pareciam ser uma forma de não repetir as dificuldades financeiras da infância e o modo como se sentia reconhecida e valorizada.

Da mesma forma, as atitudes da genitora me faziam pensar que Sra. Joana não tinha "adotado" de fato aquela filha como sua, privando-a de afeto. A todo o instante, queixava-se de Renata como se não fizesse parte daquela relação e pedindo que os outros cuidassem da filha por ela. Como hipótese, acredito que desde o início a genitora não foi capaz de investir libidinalmente na filha e entrar em um estado de "preocupação materna primária", porque provavelmente também não recebeu esses cuidados de seus pais. Assim, não foi capaz de atender as necessidades dela, tendo dificuldade de enxergá-la em sua alteridade, parecendo querer incutir seu próprio jeito de ser e não dando importância às escolhas e desejos de Renata. Não percebia que seus comportamentos de "provocação" eram também um grito de socorro para ser vista e amada. Nas vezes em que tentava agradar a filha, partia de seu próprio ponto de vista e fazendo questão de justificar isso para os outros, parecendo envaidecer-se disso. Já a adolescente sentia-se extremamente desconfortável com essa atitude, reclamando de que sua mãe não a elogiava e somente reclamava dela.

Aos poucos, percebi que conforme Sra. Joana foi sendo ouvida por aqueles que a atendiam sem julgamentos (Vara, Saica, rede e psicoterapeuta), foi capaz de enxergar a importância de se cuidar e foi sentindo-se mais valorizada. Consequentemente, pôde enxergar-se no papel de mãe e cuidadora de Renata, preocupando-se mais com o bem-estar dela e de suas necessidades.

Com a entrada da colega do setor social também pude ter alguém para dividir as preocupações com o caso, discuti-lo e pensar sobre ele com menor sobrecarga emocional.

Considerações finais

Acredito que o psicólogo judiciário deve ter uma postura de escuta, uma empatia, uma abertura para ouvir o outro.

Muitas vezes as crianças e adolescentes que vão para um serviço de acolhimento têm pais que também necessitam de um acolhimento, porém, no sentido de ajuda, de uma escuta sem que se sintam "julgados e condenados". É fundamental que o psicólogo judiciário possa ouvi-los, tentar compreendê-los, ajudá-los a refletir e orientá-los, inclusive para buscar ajuda externa, por exemplo, uma psicoterapia.

Nesse caso específico, a minha capacidade de escuta, a da minha colega de equipe, a dos profissionais do serviço de acolhimento, a da rede como um todo, bem como a de sua psicoterapeuta foram importantes para ouvir as angústias da genitora e colaborar na melhora de seus comportamentos e de compreensão da filha, mediando a relação entre elas.

As discussões com a colega de equipe, com o Saica e com a rede também foram importantes fontes para pensar a respeito desse caso. Além disso, os sentimentos da genitora despertados em mim, aliados à minha análise pessoal, me auxiliaram a compreendê-lo.

Esse caso ainda está em acompanhamento na Vara da Infância e Juventude onde trabalho, pois até o momento não há condições de retorno familiar, sendo uma solicitação da adolescente permanecer no serviço de acolhimento por enquanto. Aos poucos, noto que Sra. Joana tem conseguido olhar para Renata como sua filha, pessoa da qual ela é responsável, sentindo maior preocupação e afeto por ela. Seus comportamentos e da filha têm avanços e recuos, o que é esperado em um caso tão complexo, mas tenho consciência que a genitora tem se esforçado para que as coisas melhorem. Espero que, mesmo que Renata não volte a residir com a mãe quando completar a maioridade, que pelo menos possa continuar a conviver com ela (não apenas pelo celular) e que essa relação ocorra de forma mais saudável e harmoniosa, auxiliando no desenvolvimento de Renata.

Referências

Bion, W. R. (1962). Uma teoria sobre o pensar. In *Estudos psicanalíticos revisados: second thoughts*. Rio de Janeiro: Imago, 1994.

Caper, R. (1996). Sobre a função alfa. In *Tendo mente própria*. Rio de Janeiro: Imago, 2002.

Freud, S. (1910). As perspectivas futuras da terapia analítica. In *Cinco lições de psicanálise, Leonardo da Vinci e outros trabalhos* (Edição Standard Brasileira das Obras Psicológicas Completas de Sigmund Freud, vol. XI). Rio de Janeiro: Imago, 1969.

Freud, S. (1914). Sobre o narcisismo: uma introdução. In *A história do movimento psicanalítico* (Edição Standard Brasileira das Obras Psicológicas Completas de Sigmund Freud, vol. XIV). Rio de Janeiro: Imago, 1969.

Heimann, P. (1949). Sobre a contratransferência. *Revista Psicanálise*, 2(1), 171-176, 1995.

Hinshelwood, R. D. (1992). *Dicionário do pensamento kleiniano*. Porto Alegre: Artes Médicas.

Klein, M. (1946). Notas sobre alguns mecanismos esquizoides. In *Inveja e gratidão e outros trabalhos (1946-1963)*. Rio de Janeiro: Imago, 1991.

Lei 8069/1990 (ECA). Disponível em: http://www.planalto.gov.br/ccivil_03/leis/L8069.htm Acesso em: 28 out. 2017.

Lei 12.010/2009. Disponível em: http://www.planalto.gov.br/ccivil_03/_ato2007-2010/2009/lei/l12010.htm Acesso em: 28 out. 2017.

Levinzon, G. K. (2013). *Adoção*. São Paulo: Casa do Psicólogo, 2013.

Minerbo, M. *Transferência e contratransferência*. São Paulo: Casa do Psicólogo, 2012.

Winnicott, D. W. (1952). Ansiedade associada à insegurança. In *Da pediatria à psicanálise*: obras escolhidas. Rio de Janeiro: Imago, 2000.

Winnicott, D. W. (1960). Teoria do relacionamento paterno-infantil. In *O ambiente e seus processos de maturação*: estudos sobre a teoria do desenvolvimento emocional. Porto Alegre: Artmed, 1983.

12. Crianças e adolescentes acolhidos: a necessidade de alguém que permaneça e seja confiável

Saulo Araújo Cunha

Introdução

O serviço de acolhimento institucional, por muito tempo conhecido como abrigamento, tem natureza provisória. Como define a lei, o tempo do acolhimento de crianças e adolescentes deve ser o necessário para que suas famílias reúnam as condições essenciais para recebê-los de volta ou, se isso não for possível, até que sejam inseridos em uma família substituta.

Ocorre que, por razões diversas, várias crianças e adolescentes não retornam às suas famílias de origem e nem são inseridas em famílias substitutas. Assim, permanecem nos serviços de acolhimento até os 18 anos quando, como também define a lei, devem deixá-los. Para esses adolescentes, é de grande importância a existência de alguém que conheçam, em quem confiem e com quem possam contar.

Para ilustrar essa situação, relato o caso de um rapaz que começou a viver em instituições aos 4 meses, que conheci em um abrigo

204 CRIANÇAS E ADOLESCENTES ACOLHIDOS

quando ele tinha 5 anos e meio e que tem, atualmente, 21 anos. Ao longo desses dezesseis anos, temos nos mantido ligados, comunicando-nos e encontrando-nos com regularidade. Eu o chamarei aqui de André.

Nossa relação baseia-se única e exclusivamente na afeição que desenvolvemos um pelo outro. A Assistência Social e a Justiça têm visto com bons olhos relações como essa, porque oferecem às crianças e adolescentes na situação descrita acima a possibilidade de manterem relacionamentos duradouros que possam ir para além do período de acolhimento. No Plano Nacional de Promoção, Proteção e Defesa dos Direitos de Crianças e Adolescentes à Convivência Familiar e Comunitária, essas relações constituem o cerne do Programa de Apadrinhamento que é descrito da seguinte forma:

> *Programa, por meio do qual, pessoas da comunidade contribuem para o desenvolvimento de crianças e adolescentes em Acolhimento Institucional, seja por meio do estabelecimento de vínculos afetivos significativos, seja por meio de contribuição financeira. Os programas de apadrinhamento afetivo têm como objetivo desenvolver estratégias e ações que possibilitem e estimulem a construção e manutenção de vínculos afetivos individualizados e duradouros entre crianças e/ou adolescentes abrigados e padrinhos/madrinhas voluntários, previamente selecionados e preparados, ampliando, assim, a rede de apoio afetivo, social e comunitário para além do abrigo.*

Breve história de André

Quando tinha 4 meses de idade, André deu entrada em uma unidade da Fundação Estadual para o Bem Estar do Menor (Febem), do estado de São Paulo, em virtude de, como dizem os autos, seus pais não terem condições psicológicas para manter os filhos no convívio familiar.

Os dois irmãos mais velhos de André tinham sido internados na mesma unidade da Febem no ano anterior e transferidos para um abrigo. Quando contava com 18 meses de idade, André foi transferido da Febem para o mesmo abrigo onde estavam seus irmãos.

Um homem, de aproximadamente 30 anos, compareceu algumas vezes para visitar André e seus irmãos. Dizia não saber se, de fato, era o pai deles e queixou-se bastante da mãe das crianças. Pouco tempo depois, ele foi assassinado.

Logo após a chegada de André ao abrigo, sua mãe compareceu uma vez para visitar os filhos. Relatórios da equipe técnica da época afirmam que ela se mostrou apática. Alguns relatórios da Febem informam que ela também fora criada em instituições, que ignorava o paradeiro de sua família e que possuía mais dois filhos que estavam vivendo com um homem com quem teve um relacionamento passageiro.

A primeira cuidadora de André no abrigo destaca que ele era uma "criança difícil". Tinha muita dificuldade para dormir, urinou por muito tempo na cama, queria toda a comida da mesa para si, procurava falar mais alto que os demais e enfrentava as pessoas quando contrariado.

O que me fez prestar atenção em André dentre as tantas crianças do abrigo onde ele vivia? Inicialmente, sua vivacidade. Depois

206   CRIANÇAS E ADOLESCENTES ACOLHIDOS

de algum tempo, sua memória. Ele lembrava-se de detalhes de coisas que havíamos feito juntos.

Com o tempo, passei a notar que André iniciava nossos encontros com observações sobre a última vez que havíamos estado juntos. Tão imediata era feita a ligação entre dois encontros sucessivos, que não havia espaço para qualquer coisa que tivesse ocorrido entre eles.

Fui afeiçoando-me a André e ele, a mim. Assim, pedi autorização ao abrigo para passarmos juntos um sábado por mês. Quando ocorria algum imprevisto e eu precisava mudar a data do nosso encontro, telefonava para o abrigo, conversava com a equipe técnica e pedia para falar por telefone com André. Explicava-lhe a razão de minha ausência e já deixava combinada a data da reposição do nosso encontro. Assim foi por quase uma década. Sem dúvida, esses encontros favoreceram imensamente a nossa aproximação.

André pediu-me três vezes para que eu o adotasse. Em todas elas, disse-lhe de maneira suave e firme que isso não era possível, mas que eu gostaria que continuássemos nos encontrando como vínhamos fazendo. Ele não mais voltou a este assunto.

Eu notava que ele procurava meios de ser adotado por alguém. Ao mesmo tempo, temia que uma eventual adoção o separasse de seus irmãos, de maneira que imaginava verificar com os vizinhos de seus eventuais pais adotivos a possibilidade de eles adotarem seus irmãos.

A cuidadora que recebeu André quando ele chegou da Febem foi a que cuidou dele por mais tempo: por cinco anos, aproximadamente. As que vieram na sequência permaneceram pouco tempo, de maneira que as trocas foram se sucedendo. Ele não falava das que saíam, mas por um bom tempo dedicou-se a agradar as que chegavam. As tantas trocas fizeram-no perder a esperança e ele passou a maltratar as novas cuidadoras.

Certa vez, conversando sobre sua origem, contei-lhe que ele havia permanecido por um tempo em uma unidade da Febem que existiu no bairro do Pacaembu, em São Paulo. Ele interessou-se em visitar o local. Não pudemos entrar, mas, à distância, ele observou o lugar em silêncio e, no caminho da volta, fez algumas perguntas sobre sua história e deixou no ar o interesse de voltar algum dia para uma nova visita.

Com o tempo, passei a notar que, com uma frequência considerável, André dizia ser observado pelas pessoas quando estávamos em lugares públicos. Eu sempre lhe perguntava o que ele achava que as pessoas estavam vendo nele. A resposta nunca era clara, mas ele sugeria que as pessoas viam algo estranho, algo negativo.

A situação de André foi piorando no abrigo. Seu sentimento de perseguição intensificou-se: todos estavam contra ele.

No auge de uma confusão, ele fugiu e terminou procurando uma ex-cuidadora do abrigo. Essa mulher o acolheu e, dias depois, solicitou sua guarda ao juiz. Mas, pouco tempo após, ela voltou ao Fórum para desistir da guarda, alegando que tinha um marido violento, um filho traficante de drogas e que não conseguia controlar André.

Ele foi então encaminhado para um novo abrigo. Tinha agora por volta de 16 anos. Na primeira vez que fui visitá-lo, ele apresentava-me como "aquele tio que eu havia falado". Naquele lugar estranho para nós dois, ele pôs-se então a lembrar das tantas coisas boas que tínhamos feito juntos.

Continuei a visitá-lo regularmente e a manter contato com a equipe técnica do abrigo que, como a do abrigo anterior, queixava--se muito dele e solicitava-me que o aconselhasse.

208 CRIANÇAS E ADOLESCENTES ACOLHIDOS

Preocupado com sua situação, encaminhei-o para psicoterapia e para um serviço público de preparação para o mercado de trabalho. No início, ele ficou entusiasmado com a psicoterapia, mas logo começou a faltar e terminou desistindo. Paralelamente, foi encaminhado para um trabalho, mas também não prosseguiu.

Quando ele estava próximo dos 18 anos, o juiz que então acompanhava seu caso solicitou à Secretaria de Habitação do Município que verificasse a possibilidade de liberação uma moradia para ele e seus irmãos. Coisa rara de acontecer, a eles foi destinado um apartamento no extremo da zona leste da cidade de São Paulo. Isso que pareceu uma salvação, logo desmoronou, pois devido aos desentendimentos entre os irmãos, André deixou o apartamento e alugou uma casinha na periferia da zona sul da cidade. Decidi visitá-lo. Encontrei-o acompanhado de uma garota, que me apresentou como sua namorada. Ele conseguia um trabalho aqui, outro acolá, mas logo voltava a ficar desempregado.

Frequentemente, conversávamos sobre a importância de ele não ter filhos enquanto sua vida não estivesse organizada. Ele sempre me dizia que tomava precauções. Um dia, enviou-me uma mensagem dizendo que precisava contar-me algo que, com certeza, me decepcionaria muito: ele seria pai. No final, pedia desculpas e solicitava que eu não o abandonasse.

Respondi dizendo que achava o fato preocupante, mas que falaríamos outra hora. Mantive-me em silêncio por quase um mês. Ele telefonou-me, propôs um encontro e conversamos então sobre essa nova situação. André mora com sua namorada e com sua filha e quase não tem contato com os irmãos. Ele não os procura e também não é procurado por eles.

Sua namorada é ameaçada de morte desde o início da adolescência. Ela presenciou um crime e, quando inquirida pela polícia, denunciou seu autor, que foi preso e prometeu vingar-se. Sua família sentiu-se ameaçada com sua presença e a expulsou de casa.

Ela e André se conheceram num grupo que trabalha com adolescentes que estão saindo dos serviços de acolhimento. Logo passaram a viver juntos. Ele tomou para si a responsabilidade de protegê-la. Ao mesmo tempo, tem enorme receio de que ela o deixe. Assim, mantém controle permanente sobre as atitudes dela, que se sente tolhida dessa maneira.

Ele continua pulando de um trabalho para outro. Frequentemente, sente-se vítima de perseguições, termina agindo de maneira inadequada e acaba demitido.

O uso de drogas e a prática de atos infracionais não o atraem. Ao contrário, ele afasta-se disso. Observo, apesar de todas as dificuldades, sua responsabilidade com a família que formou, seu empenho em cuidar das relações entre eles e de buscar no trabalho meios para sustentar sua casa.

Compreensão da história de André à luz da teoria do amadurecimento pessoal de Winnicott

Há um aspecto que salta rapidamente aos olhos no caso de André: apesar de todas as falhas ambientais, ele vai à procura do que necessita e aproveita o que consegue.

Observei, ao longo dos anos, o quanto ele aproveitava os cuidados que lhe ofereciam as cuidadoras do abrigo. Vi também o quanto ele aproveitava o que lhe ofereciam aqueles que dele se aproximavam. O fato de ele aproveitar aquilo que lhe oferece o ambiente permite pensar que ele tenha tido alguma boa relação inicial.

210 CRIANÇAS E ADOLESCENTES ACOLHIDOS

> *Mesmo uma criança privada da vida familiar pode ter vivido em condições favoráveis na primeiríssima infância.... Num tal caso, as fundações da saúde mental da criança podem ter sido devidamente lançadas, tendo a doença sobrevindo a um panorama de saúde. (Winnicott, 1965k[1950]/2001, p. 200)*

Referindo-se ao tratamento oferecido às crianças evacuadas na época da Primeira Guerra Mundial, que foram alojadas na Inglaterra, Winnicott disse que "se houve a experiência de uma boa relação inicial, mesmo que depois se tenha perdido, ela poderá ser recuperada na relação pessoal de um membro do alojamento" (Winnicott, 1948a/1999, p. 72).

A mãe de André, com quem estive uma única vez, pareceu ter pouca condição de cuidar de si mesma e dos seus filhos. Teria ela tido condições de, durante a gravidez de André, desenvolver o estado de Preocupação Materna Primária?

Referindo-se à mãe de Ester, uma mulher que cuidou de sua filha até os 5 meses, quando passou a apresentar um comportamento estranho e que terminou por jogar a bebê dentro de um canal que estava sendo escavado, Winnicott afirmou que

> *não é impossível que uma mãe muito perturbada, como a de Ester, trate excepcionalmente bem de seu bebê recém-nascido. Creio que a mãe de Ester tenha-lhe proporcionado não só uma experiência satisfatória de amamentação, como também aquele apoio egóico que é tão necessário aos bebês novos e que só pode provir de uma mãe identificada com seu filho ou filha. (1961a[1959]/2001, p. 104)*

Apesar de sua fragilidade e perturbação, é possível pensar que a mãe de André, assim como a de Ester, tenha conseguido, em algum grau, adaptar-se às necessidades dele, que esteve com ela durante o período da dependência absoluta, etapa na qual são construídos os alicerces da saúde mental.

Na Febem, André foi cuidado por muitas pessoas que cuidavam de muitas crianças. Naturalmente, as maneiras de cuidar de cada funcionário variavam de uma pessoa para outra. Pelo volume de crianças, é de se esperar que esses funcionários agissem, em boa parte das vezes, de maneira impessoal. Também é de se esperar que as necessidades das crianças fossem atendidas quando e como dava. Com isso, André não desfrutou de um ambiente emocional simplificado, de estabilidade ambiental e de cuidados individuais.

Perante as tantas falhas ambientais, ele tomou para si a tarefa de cuidar do ambiente. Assim, por anos, ele tratou de aproximar-se das cuidadoras e de fazê-las interessarem-se por ele. Da mesma forma, atraía a atenção dos voluntários e das pessoas à sua volta e procurava cativá-las. Tentava encontrar quem se dispusesse a adotá-lo. Com isso, procurava garantir cuidados individuais e contínuos.

Encontrávamo-nos uma vez por mês, mas ele procurava subtrair nossa separação ligando rapidamente cada novo encontro ao último. Com isso, criava-se uma continuidade. Em caso de imprevisto, eu telefonava para explicar minha ausência e deixar marcada a reposição, procurando evitar que a linha da continuidade de nossos encontros fosse rompida. A partir do momento em que passamos a ficar juntos um dia em cada mês, começamos a nos conhecer melhor e, com isso, pude manejar nossos encontros guiando-me pelas necessidades e interesses dele, podendo, assim, oferecer-lhe algum cuidado personalizado.

Quando chegou na Febem, André estava caminhando para a fase da dependência relativa. Nessa etapa, de acordo com a teoria

212 CRIANÇAS E ADOLESCENTES ACOLHIDOS

do amadurecimento pessoal, tem início a atividade mental, que permite ao bebê dar-se conta das falhas da mãe suficientemente boa e de transformar a falha relativa da adaptação num êxito adaptativo. A imprevisibilidade do ambiente deve ter favorecido o desenvolvimento precoce da mente de André, protegendo-o de invasões ambientais potenciais. A sua surpreendente capacidade de registro e catalogação dos fatos vividos está ligada a esta defesa.

Se André contou com alguma adaptação do ambiente às suas necessidades no período da dependência absoluta, quando esteve com sua mãe, seguramente deparou-se com graves falhas do ambiente no período da dependência relativa, quanto já estava na Febem. Assim, ele viveu uma experiência de deprivação (*deprivation*) que serviu de base para a tendência antissocial, cuja manifestação se deu por meio da enurese noturna, da avidez e da destrutividade. Essas manifestações se acentuavam cada vez que as cuidadoras a quem ele estava ligado desligavam-se do abrigo. Ele não era antissocial o tempo todo, mas quando o era, incomodava bastante. Inconscientemente, ele buscava fazer com que alguém reconhecesse a sua situação de desapossamento e cuidasse dele. E isso expressava esperança.

As constantes mudanças e a imprevisibilidade do ambiente faziam com que André pouco pudesse relaxar, pois precisava manter-se atento ao ambiente. Com isso, ele tinha dificuldades para passar da vigília para o estado de relaxamento próprio do sono. Assim, só adormecia quando era vencido pelo cansaço.

Quando ele me interpelava, falávamos sobre sua história. No início, ele ficava arredio. Todavia, à medida que ele foi crescendo, foi perguntando-me mais frequentemente sobre sua origem. Por interesse dele, acabamos indo até a unidade da Febem que o abrigou no início da vida.

Num texto em que trata dos cuidados que devem ser dispensados às crianças que foram privadas da vida familiar, Winnicott escreve:

> Pode-se encontrar um meio de fazer com que a criança fique sabendo que, em algum arquivo do escritório da assistente, encontra-se uma ficha contendo toda a saga de sua vida até o presente momento. É possível que a criança não queira saber de nada na hora, mas o queira depois. São sobretudo os filhos ilegítimos e os filhos de lares desfeitos que um dia sentem a necessidade de conhecer os fatos tal como se deram; isso ocorre na medida em que se atinge um estado de saúde. (1965k [1950]/2001, p. 208)

Recentemente, André foi ao Fórum consultar seu processo e enviou-me foto do documento de identidade de seu pai. Pareceu-me que a foto me foi enviada para ser agrupada à coleção dos fatos de sua vida que guardo comigo e em mim.

É importante colocar em relevo que, frequentemente, a história das crianças acolhidas fica fragmentada e perdida nas instituições por onde elas passam e na memória daqueles que delas cuidaram e que se foram, não havendo quem reúna os fatos de sua vida e os conte para elas. Para Winnicott, a criança tem um sentimento bom e verdadeiro quando um pai reconta ao filho toda sua vida passada, incluindo também aquilo de que a criança mal se lembra e aquilo que não lhe vem de modo algum à memória. A falta desse procedimento, continua o autor, implica grandes perdas para a criança carente.

214 CRIANÇAS E ADOLESCENTES ACOLHIDOS

Não raro, André sente que o estão recriminando, tramando coisas contra ele, tentando prejudicá-lo. Nessas situações, o sentimento de perseguição aponta para uma paranoia.

> *entre aqueles que foram malcuidados, há sempre alguns que trazem consigo a necessidade de serem perseguidos, sendo que esta necessidade, que constitui a base da doença psiquiátrica chamada paranoia, pode começar surpreendentemente cedo na infância, na verdade muito pouco tempo após o nascimento.*
> *(Winnicott, 1988/1990, p. 41)*

Sobre esse ponto, Winnicott escreve ainda "a ausência de familiares a quem possamos amar, odiar ou temer constitui uma deficiência terrível, podendo levar a uma tendência de desconfiar até dos vizinhos mais inofensivos" (1961b[1957]/2001, p. 60).

Considerações finais

André buscou sempre a união dos irmãos, que foram ambivalentes: ora aproximavam-se como irmãos, ora afastavam-se como se não o fossem. Atualmente, ele evita-os, pois suspeita que estejam ligados ao uso e, talvez, ao tráfico de drogas.

Ele buscou insistentemente quem o adotasse, mas não conseguiu. Quase todas as pessoas que dele se aproximaram, não permaneceram.

A iniciativa de rapidamente morar com sua namorada ocorreu no momento em que, tendo saído do abrigo, ele já havia percebido que não seria possível viver com seus irmãos. Sozinho, procurava alguém que se interessasse por ele e com quem pudesse construir uma relação que perdurasse no tempo. Alguém com quem pudesse contar. Certo dia, ao receber uma ligação dela, disse-me: "Tio, como é bom ter alguém que se preocupe com a gente". Desconfiado sempre da possibilidade de as pessoas não permanecerem, teme que ela o abandone e procura controlá-la.

O fato de ele ter se tornado pai tão rapidamente pode parecer descabido do ponto de vista da vida prática. Todavia, o surgimento de sua filha trouxe um pouco mais de consistência para sua relação com a namorada, agora mãe de sua filha. Com o nascimento do bebê, a dupla namorado-namorada transformou-se numa família. A partir de então André deixou de procurar seus irmãos e voltou-se para aquele que agora era o seu núcleo familiar. "Cada criança individual, com seu crescimento emocional sadio e seu desenvolvimento pessoal satisfatório, promove a família e a atmosfera familiar" (Winnicott, 1961b[1957]/2001, p. 69).

Ele sente grande satisfação de poder cuidar de sua filha e de verificar que ela se desenvolve bem. Isso o ajuda a perceber capacidades que desconhecia possuir. "Nossas próprias capacidades são descobertas e desenvolvidas pelo que nossos filhos esperam de nós" (Winnicott, 1961b[1957]/2001, p. 70).

Ao longo destes dezesseis anos, estivemos juntos continuamente. Como no início, continuamos nos encontrando pelo menos uma vez por mês. Nos intervalos, falamos por telefone e por meio de mensagens eletrônicas.

Frequentemente, ele expressa temor de que eu desista dele. Não raro, quando demoro para procurá-lo, considera que estou desapontado com algo que ele tenha feito. Assim, procura-me para reparar a situação. Parece-me que isso ocorre por duas razões.

A primeira diz respeito à tarefa de integração da instintualidade, que tem lugar no estágio do concernimento. É muito provável

216 CRIANÇAS E ADOLESCENTES ACOLHIDOS

que na Febem, ele tenha tido, repetidas vezes, dificuldades para realizar o Círculo Benigno. Devido ao grande número de cuidadores e também porque eles trabalhavam em turnos, a chance de ele não ter encontrado a pessoa que havia ferido, para reparar o estrago que havia feito, era grande. Nesse caso, o desaparecimento da pessoa equivalia a sua não sobrevivência. Com isso, o exercício de sua impulsividade pode ter ficado associado a estragos irreversíveis. Possivelmente, para ele, eu possa não sobreviver à sua destrutividade, que ele precisa manter controlada para proteger-me.

A segunda razão diz respeito ao fato de que não sou seu pai natural nem seu pai adotivo. Surgi em sua vida como um voluntário do abrigo, portanto, como alguém que faz aquilo que tem vontade e que pode deixar de fazê-lo sem ser responsabilizado por isso. Ele possivelmente perceba a delicadeza daquilo que nos une e zela por isso.

A relação que desenvolvemos não é tudo que André precisa. Mas por meio dela, ele tem tido experiência de cuidado individualizado e de continuidade desses cuidados. Apesar de seu receio, também tem experimentado o fato de eu sobreviver. É à minha sobrevivência que ele se refere quando diz: "Você é a única pessoa que permaneceu, apesar de tudo".

A responsabilidade de quem mantém um relacionamento com alguém como André aumenta com o final do abrigamento. Durante o período do acolhimento, as crianças e adolescentes estão sob a responsabilidade do Estado. Findo esse período, adolescentes como André precisam dar conta da própria vida e, não raro, não há ninguém por eles. É especialmente nessa etapa que relações como essas são tão valiosas por lhes oferecerem apoio emocional e, muitas vezes, material.

Se levarmos em conta que muitas crianças e adolescentes acolhidos não retornarão para suas famílias naturais e nem serão adotados, ações como o Programa de Apadrinhamento tem um enorme valor. Para tanto, algumas condições são importantes, como:

(a) Que haja afeição do adulto pela criança ou adolescente e destes pelo adulto.

(b) Que exista condições de o adulto permanecer e, desta maneira, oferecer à criança ou adolescente a oportunidade de desfrutar de cuidados individualizados e da continuidade destes cuidados.

(c) Que o adulto tenha condições de sobreviver às turbulências da relação. A sua sobrevivência permitirá o desenvolvimento da confiança na criança ou adolescente.

As condições acima são essenciais, mas não são suficientes para que o chamado apadrinhamento aconteça. Para tanto, será necessário que a criança tenha condição de aproveitar o que lhe está sendo oferecido, como o fez e faz André.

Referências[1]

Plano Nacional de Promoção, Proteção e Defesa do Direito de Crianças e Adolescentes à Convivência Familiar e Comunitária. Recuperado em 04 de maio de 2016. Disponível em:

---

1 A citação das obras de Winnicott, inclusive as que se encontram no corpo do texto, segue a bibliografia compilada pelo Prof. Dr. Knud Hjulmand, do Departamento de Psicologia da Universidade de Copenhagen, cujo critério é o ano da primeira publicação do artigo ou do livro do autor. No corpo do texto, após a menção do ano de publicação, cito a página em que a citação pode ser encontrada nas edições brasileiras. A bibliografia feita pelo Prof. Dr Hjulmand foi reproduzida na revista *Natureza humana*, 1(2), 1999. Consta, também, no seguinte endereço: www.winnicottnaturezahumana.com.br.

218 CRIANÇAS E ADOLESCENTES ACOLHIDOS

<http://www.sdh.gov.br/assuntos/criancas-e-adolescentes/programas/pdf/plano-nacional-de-convivencia-familiar-e.pdf>.

Dias, E. O. (2014). *A teoria do amadurecimento de D. W. Winnicott*. São Paulo: DWW editorial.

Winnicott, D. W. (1983). O desenvolvimento da capacidade de se preocupar. In D.W. Winnicott (1963b[1962]). *O ambiente e os processos de maturação*. Porto Alegre: Artmed Editora.

Winnicott, D. W. (1990). *Natureza humana*. Rio de Janeiro: Imago.

Winnicott, D. W. (1997). O infrator delinquente e habitual. In D. W. Winnicott (1996i). *Pensando sobre crianças*. Porto Alegre: Artes Médicas.

Winnicott, D. W (1999). Alojamentos para crianças em tempo de guerra e em tempo de paz. In D. W. Winnicott (1948a). *Privação e delinquência*. São Paulo: Martins Fontes.

Winnicott, D. W. (1999). A tendência antissocial. In D. W. Winnicott (1958c[1956]). *Privação e delinquência*. São Paulo: Martins Fontes.

Winnicott, D. W. (1999). Tratamento em regime residencial para crianças difíceis. In D. W. Winnicott (1947e). *Privação e delinquência*. São Paulo: Martins Fontes.

Winnicott. D. W. (2000). A posição depressiva no desenvolvimento emocional normal. In D. W. Winnicott, (1955[1954]. *Da pediatria à psicanálise*. Rio de janeiro: Imago Editora.

Winnicott, D. W. (2000). A mente e sua relação com o psicossoma. In D. W. Winnicott (1954a[1949]). *Da pediatria à psicanálise*. Rio de Janeiro: Imago.

ADOÇÃO 219

Winnicott, D. W (2001). Sobre a criança carente e de como ela pode ser compensada pela perda da vida familiar. In D. Winnicott (1965k[1950]). *A família e o desenvolvimento individual*. São Paulo: Martins Fontes.

Winnicott, D. W. (2001). Consequências da psicose parental para o desenvolvimento emocional da criança. In D.W. Winnicott (1961a[1959]. *A família e o desenvolvimento individual*. São Paulo: Martins Fontes.

Winnicott, D. W. (2001). Fatores de integração e desintegração na vida familiar. In D.W.Winnicott (1961b[1957]. *A família e o desenvolvimento individual*. São Paulo: Martins Fontes.

13. Encontros e desencontros na adoção: o paradoxo da ilusão

Isabel Cristina Gomes

Rita Tropa Alves dos Santos Marques

Yara Ishara

Fragmentos de um caso

Maria,[1] após seu nascimento, é abandonada na maternidade e, desde seus primeiros dias de vida, vai para uma instituição de acolhimento para bebês. Atualmente, tem 3 anos, tendo vivido duas experiências de devolução em famílias substitutas. Ela e mais duas crianças cresceram nesse abrigo e são as mais velhas entre as crianças que vivem lá.

Aos 2 anos, foi incluída numa família adotiva e seu tempo de convivência com o casal foi de apenas um final de semana. O casal leva a menina de volta para a instituição alegando que ela não havia gostado deles, pois chorou sem parar desde o momento que chegaram em casa:

> *ela não comeu, não bebeu, não brincou, apenas sentou num canto do sofá e ficou quietinha e encolhida e depois de várias tentativas para estimulá-la a interagir*

---

1 Nome fictício.

222 ENCONTROS E DESENCONTROS NA ADOÇÃO

conosco, ela começou a chorar e só parou horas depois por exaustão, dormindo em seguida. No dia seguinte, foi o mesmo padrão.

Meses depois, um novo casal se entusiasma com a possibilidade de Maria ser a "filhinha" que tanto desejavam. Dessa vez, a aproximação foi feita de modo um pouco mais cuidadoso, pois os profissionais da Vara da Infância e da Juventude (VIJ) estavam apreensivos e as cuidadoras também. Entretanto, cederam frente à empolgação do casal quando conhece pessoalmente a menina e, as reações de Maria para com eles. Nas primeiras visitas, na própria instituição, a menina vai se aproximando devagar. Ela ainda tem a fala pouco desenvolvida, mas vai se fazendo entender. Após alguns encontros satisfatórios, Maria vai novamente embora com o casal. As cuidadoras preparam uma festa de despedida e dão de lembrança para a família um álbum montado por elas em conjunto com a menina, contendo fotos e frases escritas por elas com a finalidade de deixar preservada a própria história de Maria, a saudade já surgida e votos de que dessa vez haja um final feliz.

Para surpresa de todos, três meses depois, Maria retorna à instituição, agora com 3 anos. É a mãe quem traz a menina e demostrando muito sofrimento, diz que a sua vida ficou insustentável, pois Maria e o pai, seu marido, entraram num conluio do qual, além da mãe se sentir completamente de fora, diz que a menina se tornou impossível, sem limites, não respeitando mais sua autoridade.

O paradoxo da ilusão

Nosso objetivo nesse texto é o de refletir sobre a complexidade inerente ao estabelecimento dos vínculos de filiação adotiva, tendo a idealização como fenômeno a ser investigado, principalmente nos casos de devolução de crianças.

Sabemos que, com as novas configurações familiares da atualidade, não são apenas os casais heterossexuais estéreis que buscam a adoção, mas, essa ainda é a maior motivação, mesmo considerando-se hoje a procura cada vez maior pelas técnicas de reprodução assistida. Também é do conhecimento corrente que o perfil de criança desejada diverge do maior número de crianças disponíveis para a adoção. De acordo com os dados do Conselho Nacional de Justiça (CNJ), o número de pretendentes à adoção é bem maior do que o número de crianças e adolescentes em condições de serem adotados. Entretanto, essa divergência entre a intenção dos adotantes e o perfil das crianças e jovens disponíveis para serem adotados tem resultado na permanência por tempo prolongado em entidades de acolhimento institucional.

Ainda segundo dados do CNJ (Fariello, 2017), a conta não fecha, pois 67,7% dos adotantes desejam adotar crianças na faixa etária entre 0 a 4 anos, sendo que apenas 16,6% das crianças com possibilidades de serem adotadas encontram-se nessa faixa etária; 28,3% pretendentes desejam adotar crianças entre 5 a 8 anos, existindo 15,3% crianças nesse perfil. Verifica-se que, apesar de 20,1% das crianças acolhidas terem entre 9 a 12 anos, só 3,3% de adotantes se encontram disponíveis para adotar essa faixa etária; por outro lado, para 48,0% dos jovens que tem entre 13 e 17 anos, apenas 0,7% de pretendentes se dispõem a aceitar essa idade. Além das questões associadas a faixa etária das crianças e adolescentes disponíveis para adoção, pesquisas como as de Silva, Cavalcante e Dell'Aglio (2016) lembram que algumas delas apresentam necessidades especiais, demandando uma maior disponibilidade em termos dos adotantes.

Se por um lado tem ocorrido maior abertura dos candidatos à adoção quanto a características como faixa etária e identidade racial dos adotados, por outro, é crescente o número de adoções interrompidas e o número de crianças e adolescentes que vêm retornando à entidade de acolhimento institucional durante o processo de adoção. Novamente, segundo aos dados do CNJ no estado de São Paulo, somente entre os anos de 2014 e 2015, 198 crianças e adolescentes que estavam sendo adotados retornaram às entidades de acolhimento institucional. Tais dados evidenciam que o processo de constituição dos vínculos parentais e filiais na adoção não é tão simples, podendo ser marcado por encontros e desencontros.

A ilusão, abordada aqui como um sentimento decorrente da idealização por algo ou situação muito desejada, surge em várias situações da vida, principalmente em se tratando dos laços amorosos. É isso que permeia o estado de "apaixonamento", seja de uma pessoa frente a outra ou, em menor grau, sobre um determinado tipo de investimento ou projeto de vida. Na adoção, encontramos esses dois componentes.

Freud, em *Introdução ao narcisismo* (1914/1980), discute sobre o amor que um indivíduo sente por si mesmo e por um outro, como decorrente das fases do desenvolvimento psicossocial infantil, segundo Quinodoz (2007). Não se trata aqui de abordarmos profundamente esse conceito e, sim, utilizá-lo como referência para compreendermos algumas das raízes contidas na idealização existente entre pais e filhos. Freud descreve um narcisismo primordial, chamado de primário, no qual a criança toma a si mesma como objeto de amor e centro do mundo, antes de se dirigir a objetos exteriores. A capacidade de amar o outro vem como resultado de um progresso na vida psíquica e relacional, na medida em que o sujeito ama a si mesmo como retorno por amar outro e é esse retorno do investimento sobre si que Freud nomeia como narcisismo secundário. Pois bem, nos interessa a aplicabilidade desse processo para o entendimento do que se passa no estabelecimento das relações parento filiais. Freud enfatiza que os pais, geralmente, superinvestem nos filhos atribuindo-lhes todas as perfeições e negando suas deficiências.

> *A criança concretizará os sonhos dourados que os pais jamais realizaram.... O amor dos pais, tão comovedor e no fundo tão infantil, nada mais é senão o narcisismo dos pais renascido, o qual, transformado em amor objetal, inequivocamente revela sua natureza anterior.* (Quinodoz, 2007, p. 108)

Dentro dessa perspectiva, enfatizamos o risco que muitos pais correm de se frustrarem frente ao "diferente" que pode se tornar o filho, quando a alteridade desse outro se impõe ou se permite impor, a partir do seu próprio nascimento. Na vinculação biológica, essa quebra de expectativas ocorre dentro de uma noção de pertencimento imutável, advinda do legado geracional, que, no máximo, pode causar conflitos e sintomas. Entretanto, na filiação adotiva a (des)idealização ou (des)ilusão pode ter consequências desastrosas para todos os envolvidos, adotantes e adotados.

Em nosso trabalho[2] de preparação com os pretendentes à adoção, temos observado que a maioria dos participantes possui essa visão idealizada e mesmo romantizada acerca da adoção.

---

2 Grupos reflexivos realizados com pretendentes à adoção, a partir de uma parceria empreendida desde 2013 entre o Instituto de Psicologia da Universidade de São Paulo (IPUSP) e o Laboratório de Casal e Família: Clínica e Estudos Psicossociais, coordenado pela Profa. Titular do Departamento de Psicologia Clínica - Isabel Cristina Gomes, e a Coordenadoria da Infância e Juventude do Tribunal de Justiça do Estado de São Paulo, por meio da Vara da Infância e da Juventude de Osasco. A participação nesses grupos, após discussão e reflexão

Como exemplo, citamos frases e palavras que, nos grupos reflexivos, são associadas à referida situação: "carinho e amor", "amar e ser amado", "amor infinito", "fazer o bem", "praia sol, família", "doação de amor", "realizar um sonho por meio de um gesto de amor". Verifica-se, com frequência, uma dinâmica pautada no sentimentalismo, com forte predominância de expressão de sentimentos "positivos" – em contraponto aos "negativos", que tendem a se manter dissociados. É comum, nesse caso, as pessoas expressarem forte expectativa em relação à adoção, percebendo-a como a "realização de um sonho" e a possibilidade de saírem de uma condição de falta e incompletude para de satisfação e completude. Não raras vezes, comunicam esperar que os principais sentimentos que vivenciarão no convívio com a criança serão o amor e a alegria (Carvalho, Gomes, Pizzitola, Santos & Ishara, 2017).

De posse desse cenário, retomamos à história de Maria, descrita acima. Ela, quando colocada para a adoção, preenche os principais requisitos de perfil mais escolhido pelos adotantes – uma menina pequena. Contudo, dada a complexidade dos fatores que mobilizam o estabelecimento do vínculo filiativo, por duas vezes é devolvida. Como interpretar esses (des)encontros? Inicialmente, vale destacar que, alguns pretendentes e profissionais envolvidos no processo de adoção acreditam que algo de "mágico" ocorre no primeiro encontro entre adotantes e adotados. Não é incomum alguns pais relatarem que desde o primeiro olhar sabiam que aquela criança era o filho(a) tão desejado(a). Intuição? Idealização? Ilusão? Coincidência? Casualidade? Talvez sem um estudo mais aprofundado sobre os fatores que determinam esse momento único, não tenhamos uma resposta condizente e, o que é de grande

---

com os profissionais do Setor Técnico e anuência do Juiz da Vara, foi incluída entre os procedimentos de preparação obrigatória.

relevância aqui diz respeito ao resultado final, ou seja, que o laço filiativo vingue e se fortaleça com o passar do tempo.

Supõe-se que a ética que permeia os profissionais envolvidos no processo de adoção, desperte cada vez mais a atenção para a compreensão dos fatores que, ao longo do tempo, podem dificultar ou inviabilizar esse tipo de filiação. Aqui, optamos por colocar em destaque os paradoxos pertinentes ao processo de ilusão e idealização presentes no encontro da dupla, criança/pais.

O primeiro casal que recebe a menina se mostra muito radiante frente à perspectiva de "ter nos braços uma nenê" (*sic*). O fato dela ser pequena de tamanho e idade confirma a ilusão e o encontro se dá. Entretanto, o mínimo convívio real com ela produz um contraditório que impede a reflexão, deixando espaço apenas para uma reação/atuação. Já que Maria não consegue preencher o lugar do filho tão desejado, os futuros pais não conseguem superar a (des)ilusão inicial, o que os impede de acionar a capacidade de pensar e elaborar tão necessárias à construção de algo novo.

E Maria? Outro paradoxo se instala. De uma criança pequena e carente de cuidados e atenção, já que em sua vida institucional nunca teve um olhar de um adulto só para si, acaba se tornando precocemente independente. No regresso ao abrigo, assume novos comportamentos, mostra-se desobediente e muito atirada, chamando a atenção das cuidadoras por se colocar em perigo constante: sobe na laje e pula de alturas impróprias e, em outros momentos, assume comportamentos regredidos, como o de não comer e de trocar de roupa sozinha. Mas surpreende a todos por sua disponibilidade em cuidar dos bebês, imitando as cuidadoras no trato com os menores. Vê-se como bebê e mãe ao mesmo tempo, numa alternância desses papéis e funções que acabam distanciando-a de sua verdadeira identidade e provocando atrasos em seu processo de desenvolvimento.

228 ENCONTROS E DESENCONTROS NA ADOÇÃO

A segunda devolução da criança traz à tona, com maior vigor, a importância da preparação dos pretendentes no sentido de desconstruirmos a ilusão do encontro magico, provocado principalmente quando a criança preenche a demanda manifesta dos adotantes. Temos investido, nos grupos reflexivos com os pretendentes, na implantação de abordagens mais conscientes, incluindo aqui uma discussão profunda acerca das dificuldades inerentes ao estabelecimento do vínculo adotivo, visando justamente a diminuição da idealização. Desse modo, fica mais fácil para que os adotantes possam reconhecer suas limitações frente à criança que lhes será apresentada, mesmo que ela faça parte do perfil escolhido.

Também temos refletido junto às Varas das comarcas da Grande São Paulo, com as quais estabelecemos a parceria, sobre a escolha de determinados procedimentos para a etapa de aproximação e convivência que evite ao máximo expor as crianças e, por que não dizer, os próprios candidatos, já que passar pela situação extrema da devolução pode gerar sequelas emocionais em todos. Nessa medida, temos buscado promover outros modos dos adotantes conhecerem a criança e/ou adolescente antes do encontro pessoal. Entretanto, temos centrado nossos esforços nos casos semelhantes ao relatado acima, ou seja, com crianças ou adolescentes que já passaram por uma ou mais devoluções.

Nosso pressuposto tem sido o de que conhecer o outro vai muito além do encontro pessoal, é dimensionar a alteridade. Os pretendentes precisam se distanciar do projeto idealizado e narcísico de querer um filho para assumir o desejo de viver a experiência de parentalizar ou cuidar de alguém. Daí, há um longo caminho que precisa ser trilhado, respeitando a individualidade e as histórias geracionais dos dois lados que compõem o vínculo que queremos instituir: pais/filhos.

No caso de Maria, após a segunda devolução, ficou acordado que só abriríamos novamente o processo de buscar pretendentes no cadastro nacional após ela passar por uma intervenção psicoterapêutica que a preparasse para uma nova entrada familiar com a garantia da não repetição do trauma da rejeição. Em publicação anterior (Gomes & Levy, 2016), discutimos as bases desse tipo de preparação terapêutica que se propõe conciliar a escuta psicanalítica oferecida pelos terapeutas (alunos de graduação e pós-graduação que compõem a equipe do Laboratório de Casal e Família) com a necessidade de tomada de uma decisão pela equipe técnica do judiciário num tempo exíguo.

Por um lado, estamos sempre diante de crianças ou adolescentes em situações de repetições traumáticas; por outro, sendo o inconsciente atemporal, o processo de elaboração psíquica não segue a lógica racional. Apostamos, então, no recurso ou instrumento que caracteriza esse tipo de intervenção: a transferência e as interferências produzidas no encontro com o outro, como um facilitador para o surgimento de novas e desconhecidas possibilidades intersubjetivas, representadas pela natureza específica do vínculo psicoterapêutico. Contudo, em função do pouco tempo disponível, é necessário definir um "foco" que garanta minimamente o trabalho de elaboração das vivências anteriores, necessário para a inclusão em uma nova família. A temática familiar, se não trazida espontaneamente, é sempre introduzida pelo terapeuta.

O atendimento de Maria

Nas primeiras sessões, Maria se coloca muito desconfiada, fechada ao contato, geralmente sentando-se num canto da sala de atendimento, sem nem dirigir o olhar à terapeuta, que, pacientemente, apenas se coloca ao lado da criança numa tentativa de se

230 ENCONTROS E DESENCONTROS NA ADOÇÃO

fazer presente de um modo não intrusivo, respeitando o tempo da menina. A terapeuta ensaia algumas tentativas de aproximação, utilizando-se dos brinquedos da caixa, que não despertam o menor interesse em Maria. Certo dia, após uma dessas tentativas da terapeuta lhe apresentar uma família de bonecos de pano, a menina começa a chorar forte, se levanta e vai em direção a porta demostrando querer ir embora. Sua fala é bem empobrecida e baixa, o que exige um esforço da terapeuta para entendê-la.

Com o passar do tempo, a confiança vai se instalando e Maria vai sentando cada vez mais próxima da terapeuta. Numa outra sessão, ainda sentadas no chão da sala, a terapeuta inicia uma brincadeira de desenhar no papel o contorno de sua própria mão. A criança olha atenta e a terapeuta arrisca perguntar se Maria quer que a terapeuta contorne sua mão. Imediatamente, ela encolhe os braços e abaixa a cabeça quieta. A terapeuta fica então aguardando os próximos movimentos da menina e, quase ao final da sessão, Maria aceita que a terapeuta contorne seus pés, por cima dos sapatos. Ela esboça um sorriso e fica animada com o desenho e quer levá-lo consigo.

Interpretamos esse momento como um diferencial, pois a partir daí começamos a descobrir uma outra criança. Nas sessões seguintes, Maria passa a demonstrar um genuíno interesse sobre os objetos da caixa lúdica e, finalmente, descobre um bebê de vinil. Durante várias sessões, ela brinca de fazer e dar comidinha para ele; depois, coloca-o para descansar, troca fraldas, dá banho e termina com o bebê adormecendo, repetindo de forma rítmica os afazeres das cuidadoras no abrigo. Devagar, a terapeuta aborda com Maria sua principal defesa, ou seja, ela não se deixa cuidar e acaba se identificando justamente com a figura do cuidador(a). Após alguns meses encenando essa brincadeira, a menina chega e diz que "agora quer ser um bebê" e, rapidamente, sobe no colo da terapeuta e, chupando o dedo, se enrola numa posição quase fetal. A terapeuta passa a niná-la, balançando-a no colo por alguns minutos. Em seguida, Maria desce, pega o bebê e entrega-o para a terapeuta pedindo que ela cuide dele, enquanto fica observando atentamente. Essa nova etapa do brincar perdura mais algumas sessões ao mesmo tempo que Maria se mostra mais desenvolta, principalmente no domínio da linguagem.

Vamos nos ater a esse recorte do processo terapêutico, pois ele permite elucidar a importância de se respeitar o tempo e o ritmo de elaboração de Maria. Ela só se sente confiante em demonstrar afeto e se permitir ser cuidada quando está segura da aceitação incondicional do outro. Para isso, os sentimentos contratransferenciais despertados na terapeuta e trabalhados em supervisão foram um instrumento importante para a compreensão das reais necessidades da menina a partir do entendimento da sua dinâmica de funcionamento interno. Contudo, isso gerava inquietude, angústia e frustração na terapeuta diante da impossibilidade inicial de Maria se permitir ser cuidada.

A experiência terapêutica foi um marco para o restabelecimento da capacidade de se vincular da menina, incluindo todos os riscos inerentes ao encontro com o outro. Como resultado concreto desse trabalho, observou-se ainda progressos em seu desenvolvimento, principalmente no que diz respeito a fala e a capacidade simbólica.

Por meio dos sentimentos transferenciais e contratransferenciais pudemos, junto com os técnicos da Vara, avaliar quais as características essenciais que deveriam ser levadas em conta para uma nova busca no cadastro de pretendentes, por exemplo, um casal que tivesse a continência necessária para o respeito ao ritmo de se vincular da criança e, fundamentalmente, que respeitasse sua condição interna ou sua alteridade, condicionando essa adoção

232 ENCONTROS E DESENCONTROS NA ADOÇÃO

segundo uma dimensão de construção vincular real, incluindo todas as dificuldades para sua consolidação.

Para tanto, acordamos que, quando surgisse um casal com condições, estruturaríamos uma outra maneira de conhecer Maria, que a salvaguardasse da "mágica do olhar" e ao mesmo tempo que representasse uma tomada de contato por eles, mais profunda e madura sobre as necessidades da menina na interface com os desejos e limites dos adotantes. Foi proposto que os técnicos do judiciário fariam algumas entrevistas com o casal no sentido de os informar sobre a história da menina e, principalmente, sobre seu funcionamento psíquico/emocional. Em seguida, caso a motivação dos adotantes se mantivesse, iria se complementar com no mínimo dois encontros com a terapeuta de Maria. Em paralelo, pensou-se na possibilidade dos adotantes enviarem fotos deles, incluídas numa historinha bastante trabalhada nas sessões com a menina (a família de abelhinhas) como um intermediário facilitador para o estabelecimento do vínculo.

Vale ainda uma ressalva sobre a escolha por um casal (aqui não importando se hétero ou homo) pois, dado o fato da menina ter vivido sempre numa instituição de acolhimento, seria importante a experiência de triangulação. Também como um suporte para cada um dos pais, já que a construção vincular se mostrará mais efetiva se puder seguir o curso determinado pelas possibilidades internas de Maria, tal qual se deu no espaço terapêutico.

Considerações finais

A construção de uma filiação adotiva depende sempre dos envolvidos no processo, adotantes e adotados. Entretanto, em nossa experiência pudemos observar que entre aqueles que pretendem exercer a parentalidade, o compromisso e a responsabilidade devem ser maiores quando comparados as crianças/adolescentes que desejam e necessitam do viver em família. Consideramos ainda que o desejo de adotar é diferente do desejo de querer ter o filho que não se tem ou não se pode ter, o que nos leva a dar maior importância a um projeto de adoção pautado não em carências, necessidades e idealizações, mas no desejo genuíno de parentalizar ou de "fazer família".

Quando as crianças a serem adotadas preenchem o perfil ideal dos adotantes, é fundamental que, todos os profissionais envolvidos com a adoção fiquem atentos para que os paradoxos de uma escolha baseada na ilusão não transformem um encontro de características "mágicas" num (des)encontro desastroso, principalmente para a criança que revive a repetição do trauma da rejeição. No entanto, deve-se também considerar a situação dos adotantes que se veem numa ambivalência de sentimentos difícil de ser elaborada ou cuja revivescência de suas histórias geracionais, como as resultantes de sentimentos edípicos mal solucionados, acabem por impedir o pensar e o superar obstáculos no início da construção filiativa, como o demonstrado no caso relatado.

Reiteramos, por fim, a importância das intervenções realizadas nos grupos de preparação com os pretendentes, que acabam assumindo um caráter preventivo na medida em que se promove um espaço de reflexão sobre a escolha pela adoção dentro de uma perspectiva mais realista. E complementarmente, acreditamos ser essencial o aprofundamento da discussão sobre a necessidade de uma preparação envolvendo também crianças e adolescentes a serem adotados e, a criação de procedimentos acerca do período de aproximação, principalmente, para que se evite ou pelo menos diminua-se os riscos de uma adoção não se efetivar ou ocorrer a devolução.

234 ENCONTROS E DESENCONTROS NA ADOÇÃO

Referências

Carvalho, F. A., Gomes, I. C., Pizzitola, J. M., Santos, M., Ishara, Y. (2017). Grupos reflexivos com pretendentes a adoção: alcances e limites. In Okamoto M.Y. & Emídio, T. S. (Org.). *Perspectivas psicanalíticas atuais para o trabalho com grupos e famílias na Universidade* [recurso eletrônico]. São Paulo: Cultura Acadêmica, pp. 48-67.

Fariello, L. (2017). *Projetos apontam o ideal e o real diante da decisão de adotar.* Recuperado em 19 mai. 2017, de <http://www.cnj.jus.br/noticias/cnj/84783-projetos-apontam-o-ideal-e-o--real-diante-da-decisao-de-adotar>.

Freud, S. *Introdução ao narcisismo.* Rio de Janeiro: Imago, 1980 (Trabalho original publicado em 1914), pp. 83-119. (Edição Standard Brasileira das Obras Psicológicas Completas de Sigmund Freud, vol. XIV).

Gomes, I. C., & Levy, L. (2016). A psicanálise vincular e a preparação de crianças para adoção: uma proposta terapêutica e interdisciplinar. *Contextos Clínicos*, 9(1), 109-117.

Quinodoz, J. (2007). *Ler Freud:* guia de leitura da obra de S. Freud (trad. Fátima Murad). Porto Alegre: Artmed.

Silva, F. H. O. B, Cavalcante, L. I. C, & Dell'Aglio, D. D. (2016). Pretendentes à adoção de crianças no Brasil: um estudo documental. *Revista da SPAGESP.* 17 (2), 67-80.

14. Toda criança necessita ser adotada[1]

Ivonise Fernandes da Motta

Coautores

Cláudia Yaísa Gonçalves Silva | Claudio Bastidas Martinez
Denise Sanchez Careta | Rita Tropa Alves dos Santos Marques
Vinicius de Vicenzo Aguiar | Yara Ishara

> *Mamãe lá embaixo está chorando*
> *Chorando*
> *Chorando*
> *Assim eu a conheci*
> *Uma vez, deitado em seu colo*
> *Como agora numa árvore morta*
> *Eu aprendi a fazê-la sorrir*
> *Para secar suas lágrimas*
> *Para desfazer sua culpa*
> *Para curá-la de sua morte interior*
>
> A árvore, Winnicott, 1963

---

1 Este trabalho foi apresentado na I Jornada sobre Adoção, em 9 de agosto de 2014, na Sociedade Brasileira de Psicanálise de São Paulo (SBPSP).

Introdução

O ódio e a violência são temas que nos ligam a questões muito atuais. Diversas pesquisas foram e são realizadas em diferentes campos por psicólogos, psicanalistas, antropólogos, filósofos, entre outros; de forma a compreender esse fenômeno tão complexo e multifacetado.

Uma das tentativas de compreensão do tema foi promovido pelo Departamento de Psicologia Clínica do Instituto de Psicologia da Universidade de São Paulo (IPUSP) há alguns anos e teve como desmembramento o livro *Violência e sofrimento de crianças e adolescentes na perspectiva winnicottiana*, realizado por mim em parceria com o colega José Tolentino Rosa, em 2008.

Abordaremos neste capítulo o amor, o ódio, a violência e a família em suas articulações com o amadurecimento emocional. Veremos que – além do caráter destrutivo – o ódio tem uma função constitutiva da personalidade, se soubermos compreendê-lo para além da moralidade.

Violência e família

A violência é um fenômeno que acompanha a humanidade desde seus primórdios, sendo inalienável ao ser humano. Grande parte das narrativas sobre a origem do homem tem a violência como constituinte das relações, aparecendo na família desde o início, como comportamento antítese da moral vigente. Presente na mitologia, na religião e nas artes, é um fenômeno que nos acompanha por toda história – o tema do assassinato em "Caim e Abel" é apenas um exemplo, entre muitos. Até pouco tempo atrás, dar uma palmada nos filhos era um comportamento aceitável socialmente, hoje, essa atitude é questionada, inclusive juridicamente por meio da criação da "Lei Menino Bernardo", mais conhecida como Lei da Palmada, aprovada recentemente. Assim, a sociedade vai se desenvolvendo e alterando suas leis – explícita e tacitamente – de modo a ordenar o comportamento considerado adequado ou moral naquele momento histórico. Dessa forma, o distanciamento do paradigma do que é correto e adequado para uma sociedade geralmente adquire uma conotação ligada à violência. Essas mudanças são retratadas na arte, na mitologia e na religião de todas as culturas, que possuem – cada uma a sua maneira – um conceito historicamente construído do que se configura para elas como violência. Por exemplo, devido à política do filho único, em algumas comunidades rurais da China é aceitável que as filhas mulheres sejam abandonadas após o parto, ao passo que em outras isso é considerado um ato execrável de violência de gênero.

O ódio na construção da personalidade: tapas, chutes e violetas

Um dos capítulos do livro, "Violência e sofrimento de crianças e adolescentes", é o relato de um primeiro atendimento na clínica escola do IPUSP.[2] O capítulo apresenta o atendimento de Reinaldo (nome fictício), uma criança adotada. Segundo o relato de Dona Germina (nome fictício), mãe adotiva dele, o garoto nasceu de uma mulher que trabalhava como prostituta e que não desejava seu nascimento. Nesse contexto, Germina, que já era mãe de duas filhas, resolveu adotá-lo. A estudante que o atendeu descreveu algumas dificuldades no atendimento do garoto que em alguns

---

2 Na época, Cristina era aluna da graduação do IPUSP e, posteriormente, fez doutorado sob minha orientação.

momentos apresentou comportamentos violentos, como tapas e chutes.

Winnicott, ao escrever sobre "O ódio na contratransferência" (1947), afirmou que, ao buscar o ódio do psicoterapeuta, o paciente estaria tentando ir ao encontro de uma necessidade. Esse encontro abriria a possibilidade de resgate ou reencontro com a capacidade de amar e com boas experiências vivenciadas no início da vida. Para esse autor, na análise de psicóticos e pessoas com personalidade antissocial, os fenômenos contratransferenciais seriam em diversos casos os mais importantes de uma análise. Ou seja, o amor e ódio do analista, como reações à personalidade e aos comportamentos reais do paciente, podem se transformar em instrumentos da terapêutica do tratamento.

Essa dinâmica faz refletir sobre as relações transferenciais com crianças que tiveram o lar desfeito ou que não têm pais e que geralmente passam a vida procurando por eles inconscientemente.

Vale ressaltar a complexidade do que pode significar a adoção de uma criança vinda desse contexto histórico-afetivo. O que frequentemente acontece é que, depois de algum tempo, a criança adotada testa os pais adotivos de forma a verificar se neles existe um lugar confiável de maternagem. A desconfiança é uma marca em todas as pessoas que tiveram experiências de rejeição ou fratura ética (Safra, 2009). A criança testa o ambiente que encontrou e busca a prova de que seus guardiães são capazes não só de amá-la, mas de odiá-la objetivamente. Nessa dinâmica, ela parece acreditar que é amada depois de ter conseguido ser odiada.

Winnicott (1947) enumera várias razões para que uma mãe odeie seu filho e afirma que só podemos dizer que um bebê odeia sua mãe quando está integrado, quando sente que é uma pessoa total e responsável por sentimentos.

Winnicott (1950) ainda realça a importância da fusão da agressividade com o erótico para o desenvolvimento psíquico e que dessa integração e das experiências primitivas com o ódio dependem a capacidade de amar:

Em uma psicologia total, ser roubado é a mesma coisa que roubar, e igualmente agressivo. Ser fraco é algo tão agressivo quanto o ataque do forte ao fraco. Assassinato e suicídio são fundamentalmente a mesma coisa. (p. 355)

Françoise Dolto, em *Seminário de psicanálise de crianças* (1985), afirma que é possível trabalhar com o inconsciente profundo mesmo quando a pessoa dorme ou quando está em coma ou dopada por medicamentos. Ao falar sobre essa questão, relata um caso surpreendente e que se conecta com nosso tema.

Dolto conta que um antigo paciente foi procurá-la desnorteado porque sua mulher tinha dado à luz a uma menina. Ela passava bem após o parto, mas, depois de algum tempo, entrou em estado convulsivo e finalmente em coma. Após 48 horas, a previsão era de que se ela voltasse do coma, teria sequelas, pelo menos uma paralização das pernas. O homem ficou invadido por um estado de ódio violento contra a vida, sua mulher e a equipe do hospital e, então, resolveu falar com Dolto. Disse que não ficaria do lado de uma mulher doente e que preferia matá-la. Os sogros vieram visitá-los. Foi então que o pai da mulher em coma revelou a história do nascimento de sua filha.

Ela era a mais velha de quatro filhos, duas meninas e dois meninos. Na ocasião de seu nascimento, a mãe passou a detestá-la e desenvolveu uma verdadeira fobia à filha. O mesmo aconteceu com o segundo filho, também uma menina. Ao contrário, tinha amado desde o primeiro dia, amamentado e criado o terceiro e quarto filhos, ambos meninos. As duas crianças mais velhas, as duas meninas, tiveram que ser criadas sem verem a mãe até a idade em que começarem a andar. (Dolto, 1985, p. 105)

Dolto orienta o homem contar a história para a mulher sobre seu nascimento, mesmo ela estando em coma. O homem assim o fez e algumas horas depois ela voltou do coma sem sequelas. Suas primeiras palavras foram:

"Quero ver minha filha". E depois, dirigindo-se a seu marido: "Não sei se sonhei, ou se foi mesmo você que me contou sobre meu nascimento. De repente, compreendi que tinha sido por causa dessa história que eu ignorava que eu não tinha direito a ter essa menina. Agora, escapei do coma". (Dolto, 1985, p. 106)

A criança humana é um ser de adoção

Vale ressaltar a importância da adoção em qualquer filiação, quer se trate de pais e filhos biológicos, quer se trate de pais e filhos adotivos. Toda criança necessita ser adotada (Dolto, 1989). A criança humana é um ser de adoção. Uma questão fundamental nesse contexto é: quais possibilidades de trabalho psicanalítico temos em situações dessa ordem? Sabemos da importância dos primeiros anos de vida e das boas experiências vivenciadas pelo par mãe-bebê para constituição de boas bases para o psiquismo. Em situações de maus tratos, abandono, rejeição e agressão; o que poderíamos prever ou esperar de uma intervenção psicanalítica?

Para Winnicott, o adoecimento e a saúde devem levar em conta o ambiente. Quando aborda a tendência antissocial (1956) defende a tese da importância do *holding* e do ambiente na etiologia e tratamento da tendência antissocial. Quando escreve "A delinquência como sinal de esperança" (1967), ressalta mais uma vez a presença da esperança do encontro com o amor dos pais, mesmo em situações de delinquência nas quais parece não existir mais esperança alguma.

Uma pesquisa que desenvolvemos trata dessa questão ao focalizar o gênero musical *rap* como uma possibilidade de facilitador do processo maturativo na adolescência rumo à idade adulta. Em populações menos protegidas, existe uma facilitação na entrada no mundo do crime ou da transgressão, como um recurso para a construção de uma identidade social que tenha um lugar de projeção. Nesses casos, nos quais as figuras parentais muitas vezes estão ausentes ou fragilizadas, o *rap* se mostra como um grupo de inclusão que pode contribuir na escolha de caminhos construtivos para o desenvolvimento. Sendo assim, mesmo em condições adversas do ponto de vista do ambiente desde o início da infância, existe a possibilidade de um desenvolvimento saudável pela cultura, por meio dos grupos sociais existentes na comunidade (Silva, 2016).

Ao abordar a integração, Winnicott trata do conflito e da capacidade de tolerar conflito como característica de saúde. Em seu texto "A criança no Grupo Familiar", (1966), ele nos fala da família como o lugar de várias vivências que incluem amor e ódio, conflito, lealdade e deslealdade. O conflito é tolerado na família e sendo assim, para esse autor o jogo familiar é um preparo perfeito para vida.

242 TODA CRIANÇA NECESSITA SER ADOTADA

> *Se alguém eventualmente retroceder no tempo, perceberá que as deslealdades, como as denomino, são uma característica essencial do viver, e provêm do fato de que se alguém tem que ser ele mesmo, será desleal a tudo aquilo que não for ele mesmo. As mais agressivas e perigosas palavras do mundo são encontradas na afirmação EU SOU. É preciso admitir, no entanto, que só aqueles que alcançaram o estágio de fazer essa afirmação é que estão realmente qualificados para serem membros adultos da sociedade. (Winnicott, 1966, p. 11)*

Violênca e psicanálise no século XXI

Em um livro que organizei – *Psicanálise no século XXI* (Motta, 2006) – o psicanalista e colega Robert Rodman, que tivemos o privilégio de receber algumas vezes no Brasil para trabalhar conosco, trouxe reflexões sobre o atentado de 11 de setembro nos Estados Unidos e alguns significados e ressonâncias do ocorrido.

Uma de suas afirmações foi sobre a necessidade de *holding* como vital para todas as pessoas e para a sociedade, fundamental para que cada um de nós tenha condição de existir. Um ambiente de *holding* consiste essencialmente numa palavra: proteção. Os eventos de 11 de setembro romperam a barreira de proteção e comprometeram o ambiente de *holding* de uma maneira equivalente à nossa primeira percepção de que todos nós, mais cedo ou mais tarde, vamos morrer. Quando crianças, acreditamos que nosso pai nos protegerá da morte e que ele nunca morrerá. Apesar disso, acabamos aceitando e compreendendo – na infância mesmo – que a morte é universal.

O quanto qualquer um de nós está protegido na atualidade? O trabalho com adoção nos coloca em contato com várias questões.

Entrega de um filho para adoção: rejeição e amor

A decisão de entregar um filho para adoção ou a ideia de fazê--lo poderá ter muitos significados, desde aceitar a impossibilidade de criá-lo, a rejeição face à criança ou aceitar a desilusão do amor e do desejo de "maternar" (Motta, 2006). Investigar de que modo o mito do amor materno afeta as ideias e concepções presentes nos profissionais de saúde em relação à entrega de um filho para adoção é um tema que consideramos merecer nossos estudos, porque pode trazer resultados valiosos nesse campo de atuação.

Em situações de adoção, é possível constatar o quanto os profissionais de saúde ficam expostos a elementos das suas histórias pessoais e das suas experiências subjetivas, associados a situações de perdas, lutos, abandonos e rejeições. Esse é, sem dúvida, um campo propício às projeções e às significações singulares, mesmo quando a atuação do profissional é subsidiada por leis, critérios norteadores e teorias. Por outro lado, estes profissionais lidam ainda, com as interfaces das suas histórias familiares e, assim, os valores, sentidos e crenças que possuem acerca do que é e de como funciona uma família (Paiva, 2004).

Em relação à entrega de um filho para adoção, a literatura e a prática clínica sugerem que as opiniões são bastante divergentes: algumas pesquisas existentes nessa área de estudo dão primazia à ideia da entrega de um filho para adoção como abandono face à criança, outras, pelo contrário, defendem que esse comportamento poderá ser um ato de proteção face a esta.

O tratamento preconceituoso e tendencioso assumido por grande parte da sociedade e até mesmo pelos profissionais que têm contato com essa realidade parece estar relacionado com o mito do amor materno, interiorizado pela nossa cultura. Nesse âmbito, o dom da maternidade é concebido como algo natural, instintivo e

244 TODA CRIANÇA NECESSITA SER ADOTADA

inerente a todas as mulheres, pelo que a ausência desse sentimento é assumida como uma patologia (Badinter, 1985).

Acreditamos que estudar as ideias e concepções dos profissionais de saúde que estabelecem um relacionamento profissional com essas mulheres pode facilitar o desenvolvimento de medidas de intervenção, quer profiláticas quer terapêuticas, que ajudem, por um lado, a que mais precocemente as crianças possam ter um projeto de vida alternativo à sua família biológica (quando esta não tem disponibilidade afetiva ou é de qualidade inadequada) e, por outro, minimizar os eventuais efeitos nefastos que estas situações acarretam para a vida emocional, social e familiar destas mulheres.

Estamos desenvolvendo pesquisa com esse tema que tem por objetivo trazer algumas colaborações sobre as práticas clínicas utilizadas pelos profissionais de saúde face a estas mulheres. Algumas contribuições têm como intuito de promover tanto um relacionamento mais saudável como um ambiente mais facilitador do desenvolvimento humano.

O trabalho com adoção nos coloca em contato com várias indagações, entre elas nossa vulnerabilidade e desamparo. Com o intuito de ilustração, relato o caso de uma mãe com histórico de agressão ao filho, o afastamento dela e o processo de reintegração familiar da criança.

A história de Maria e José

Maria (nome fictício), 30 anos, viúva e com um filho de 8 anos dá à luz um menino, José (nome fictício). Maria enfrentava dificuldades financeiras e, para organizar a família, procurou abrigo com a tia materna. José, ao nascer, ainda na maternidade, foi passado as mãos de sua mãe, que num ato repentino o jogou ao chão. Diante dessa violência materna, que resultou em traumatismo craniano no bebê, o Juiz da Vara da Infância e Adolescência da região determinou que o bebê fosse entregue aos cuidados da tia materna da genitora, com a qual vivia Maria.

As questões presentes são: o que aconteceu com Maria que não pode adotar seu filho biológico José? Como ela pode adotar seu primeiro filho, mas não esse?

Aos três meses de idade, José foi hospitalizado em virtude de complicações respiratórias e teve como acompanhante Maria, sua mãe, que, ao levá-lo para realização de exames, novamente o atirou ao chão.

O episódio se repete, assim como a questão: qual o significado do ato de Maria? Afirmar que foi uma violência da mãe implicaria em afirmar uma intencionalidade, o que não cabe nesse caso. Pensaríamos em uma personalidade com dissociações importantes. Cabe ressaltar que o fato ocorrido, ou seja, Maria atirar o filho ao chão, despertou reações significativas nos profissionais de saúde em contato com o caso.

Maria e José se reencontram quando o filho tinha aproximadamente 2 anos. José foi acolhido em uma instituição durante esse tempo. Dois anos após o ingresso da criança, ainda sem qualquer contato com a mãe, a Vara da Infância e da Juventude determinou a autorização de visitas da mãe ao filho, com frequência quinzenal, no ambiente institucional, mediante avaliação e acompanhamento psicológico de Maria.

Contato da mãe com o filho em acolhimento

Aos 2 anos, José conhece a mãe. O contato entre mãe e filho não apresentava comportamentos afetivos, mas um distanciamento mútuo.

No início das visitas a José, Maria morava com o filho primogênito (10 anos) e outro filho de 9 meses, gerado durante o intervalo de dois anos do acolhimento de José. Os irmãos dele não apresentavam quaisquer traços de maus-tratos, negligência ou, ainda, violência. Maria manifestava bom relacionamento com esses filhos, com nítida ligação afetiva.

Sendo assim, que significado esse filho tinha para Maria que impossibilitou sua adoção, mesmo se tratando de um filho biológico?

Essa descrição produz um questionamento da possibilidade de uma mãe desempenhar função materna de maneira diferente, dependendo do vínculo que estabeleceu com cada um dos filhos. Assim, é possível que uma mãe seja suficientemente boa com um filho e não com o outro. Não foi possível a adoção de José por Maria e a adoção de Maria por José. A filiação não pode ser estabelecida, apesar dos laços consanguíneos.

Foram necessários aproximadamente cinco anos de acompanhamento psicológico de Maria, José e dos outros filhos de Maria para que a reintegração familiar de José pudesse acontecer. A reintegração foi promulgada pelo Juiz da Vara de Família.

Considerações finais

A adoção é fundamental em qualquer filiação, quer sejam filhos biológicos ou adotivos. Amor e ódio coexistem na natureza humana desde o início e direcionam o enigma da adoção ou de sua ausência em cada nascimento de uma criança. Os casos relatados tiveram um desfecho bem-sucedido, mas nem sempre é o que acontece. No entanto, mesmo em condições adversas, podemos intervir e obter algum ganho. José tinha atrasos em seu desenvolvimento e muitos deles persistiram, mas ele caminhou e, concordando com Winnicott, penso que a esperança e a confiança no atendimento e no potencial de saúde da vida fizeram a diferença.

Referências

Badinter, E. (1985). *Um amor conquistado:* o mito do amor materno. Tradução de Waltensir Dutra. Rio de Janeiro, RJ: Nova Fronteira.

Dolto, F. (1985). *Seminário de psicanálise de crianças.* Tradução de Vera Ribeiro. Rio de Janeiro, RJ: Zahar.

Dolto, F. (1989). *Dialogando sobre crianças e adolescentes.* Tradução de Maria Nurymar Brandão Benetti. Campinas, SP: Papirus.

Motta, M. A. P. (2006). As mães que abandonam e as mães abandonadas. In Schettini Filho, L. & Schettini, S. S. (Org.). *Adoção:* os vários lados dessa história (pp. 32-51). Recife, PE: Bagaço.

Motta, I. F., & Obara, C. S. (2008). O ódio na construção da personalidade: aprendendo com a integração no *self* de experiências com tapas, chutes e violetas. In Motta, I. F. & Rosa, J. T. (Org.). *Violência e sofrimento de crianças e adolescentes na perspectiva winnicottiana* (pp. 91-96). São Paulo, SP: Ideias e Letras.

Paiva, L. D. (2004). *Adoção:* significados e possibilidades. São Paulo, SP: Casa do Psicólogo.

Rodman, R. (2006). O ambiente de holding após o 11 de setembro. In: Motta, I. F. (Org.). *Psicanálise no século XXI:* as conferências brasileiras de Robert Rodman (pp. 295-310). São Paulo, SP: Ideias e Letras.

248 TODA CRIANÇA NECESSITA SER ADOTADA

Safra, G. (2009). A violência silenciosa: o eclipse do 'ethos' humano no mundo contemporâneo. *Rumo à Tolerância, 1*(1), 1-27.

Silva, C. Y. G. (2016). *Nas batidas do rap, nas entrelinhas dos versos*: uma reflexão winnicottiana sobre o amadurecimento juvenil. (Dissertação de Mestrado em Psicologia Clínica). Instituto de Psicologia, Universidade de São Paulo, São Paulo.

Winnicott, D. W. (1947/1978). O ódio na contratransferência. In: Winnicott, D. W. *Da pediatria à psicanálise*: obras escolhidas (pp. 499-511). Tradução de Jane Russo. Rio de Janeiro, RJ: Francisco Alves.

Winnicott, D. W. (1950/1978). Agressão e sua relação com o desenvolvimento emocional. In: Winnicott, D. W. *Da pediatria à psicanálise: obras escolhidas* (pp. 355-374). Tradução de Jane Russo. Rio de Janeiro, RJ: Francisco Alves.

Winnicott, D. W. (1956/1978). A tendência anti-social. In: Winnicott, D. W. *Da pediatria à psicanálise: obras escolhidas* (pp. 499-511). Tradução de Jane Russo. Rio de Janeiro, RJ: Francisco Alves.

Winnicott, D. W. (1963). *A árvore*, poema não publicado, datado de novembro de 1963.

Winnicott, D. W. (1967/1989). A delinquência como sinal de esperança. In: Winnicott, D. W. *Tudo começa em casa* (pp. 71-78). Tradução de Paulo Sandler. São Paulo: Martins Fontes.

Sobre os autores

Alicia Dorado de Lisondo é analista didata e professora da Sociedade Brasileira de Psicanálise de São Paulo (SBPSP) e do Grupo de Estudos de Psicanálise de Campinas (GEP Campinas). Psicanalista de crianças e adolescentes reconhecida pela International Psychoanalytical Association (IPA). Cocoordenadora do Grupo de Estudos sobre Adoção e Parentalidade na SBPSP. Coparticipante do Grupo de Pesquisa Psicanalítica em Autismo (GPPA) e secretária científica da Associação Latino-Americana de Observação de Bebês, Método Bick (ALOBB). Recebeu o prêmio "Dr. José Bleger" da Asociación Psicoanalítica Argentina (APA) pelo trabalho "Aplicação dos conhecimentos de Psicanálise ao Trabalho em um Serviço de Psicopatologia Institucional" (1976), que teve a coautoria do Dr. Raul J. Capitaine; e o Prêmio Fepal pelo trabalho: "Rêverie re-visitado" (2010), publicado na *Revista Latinoamericana de Psicoanálisis*.

Ana Carolina Godinho Ariolli é psicóloga com especialização em Psicoterapia Psicanalítica pela Universidade de São Paulo (USP) e em Psicologia Clínica Hospitalar pelo InCor do Hospital das Clínicas da Faculdade de Medicina da USP (HCFMUSP). Atua como

250 SOBRE OS AUTORES

psicóloga judiciária na Vara da Infância e da Juventude do Tribunal de Justiça de São Paulo (VIJ-TJSP), onde atende crianças e adolescentes com suspeitas de maus tratos e negligência, bem como suas famílias, e também realiza a avaliação de pretendentes à adoção. Atende crianças, adultos e pais em consultório particular.

Cláudia Yaísa Gonçalves Silva é professora substituta do Curso de Psicologia da Universidade Federal de Mato Grosso do Sul/CPAR. Psicóloga. Mestre em Psicologia Clínica pelo Instituto de Psicologia da Universidade de São Paulo (IPUSP). Especialista em Psicanálise pelo Núcleo de Educação Continuada do Paraná/Centro Universitário de Maringá (NECPAR/Unicesumar).

Claudio Bastidas Martinez é graduado em Psicologia pela Pontifícia Universidade Católica de São Paulo (PUC-SP), mestre e doutor pelo Programa de Estudos Pós-Graduados em Psicologia Clínica da PUC-SP.

Cristina Rodrigues Rosa Bento Augusto é psicóloga formada pela Universidade Mackenzie, com especialização em Atendimento às Psicoses da Infância pela Escola Paulista de Medicina (EPM--Unifesp) e em Psicoterapia Psicanalítica pela Universidade de São Paulo (IPUSP). Psicóloga clínica desde 1997 e psicóloga judiciária desde 2006.

Cynthia Ladvocat tem mestrado em Psicologia Pontifícia Universidade Católica do Rio de Janeiro (PUC-Rio). Formação em Psicoterapia Analítica de Grupo na Sociedade Psicanalítica Gradiva (Spag-RJ). Membro da European Family Therapy Association. Presidente da Associação de Terapia de Família do Rio de Janeiro (2002-2006) e da Associação Brasileira de Terapia Familiar (2008-2010). Membro docente, didata e vice-diretora do

ADOÇÃO 251

Instituto de Ensino de Psicanálise da Sociedade Psicanalítica do Rio de Janeiro (SPRJ).

Cynthia Lopes Peiter Carballido Mendes é psicóloga, psicanalista, membro associado da Sociedade Brasileira de Psicanálise de São Paulo (SBPSP), membro do Departamento de Formação em Psicanálise do Instituto Sedes Sapientiae, mestre em Psicologia Clínica pela Universidade de São Paulo (IPUSP) e autora dos livros *Adoção: vínculos e rupturas* e *Atendimento psicanalítico na adoção*.

Denise Sanchez Careta é mestre e doutora em Psicologia Clínica pela Universidade de São Paulo (IPUSP). Projeto de pesquisa de doutorado financiado pelo Conselho Nacional de Desenvolvimento Científico e Tecnológico (CNPq). Coordenadora do Núcleo de Abrigos do Lapecri-USP (2004-2015). Assessora e supervisora institucional em entidades de acolhimento para crianças e adolescentes. Coordenadora do Grupo Psicoterapêutico para Famílias Adotivas. Pesquisadora sobre adoção.

Edilene Freire de Queiroz é psicanalista, psicóloga, doutora em Psicologia Clínica pela Pontifícia Universidade Católica de São Paulo (PUC-SP). Pós-doutora pela Universidade de Aix-Marseille I, na França. Professora titular da Universidade Católica de Pernambuco (Unicap). Coordenadora do Laboratório de Psicopatologia Fundamental e Psicanálise da Unicap, em Recife.

Eva Barbara Rotenberg é membro didata da Asociación Psicoanalítica Argentina (APA) e do International Psychoanalytical Association (IPA). Especialista em crianças e adolescentes. Coordenadora da área de adoção, homoparentalidade e gênero da APA. Assessora do Ministério da Educação da Nação Argentina e da Organização dos Estados Ibero-Americanos. Fundadora da Escola

252 SOBRE OS AUTORES

para Pais Multifamiliares. Autora de numerosos livros e trabalhos científicos publicados em vários países.

Gina Khafif Levinzon é psicanalista e membro efetivo da Sociedade Brasileira de Psicanálise de São Paulo (SBPSP). Doutora em Psicologia Clínica pela Universidade de São Paulo (USP). Professora do Curso de Especialização em Psicoterapia Psicanalítica (CEPSI) da Universidade Paulista (UNIP). Cocoordenadora do Grupo de Estudos sobre Parentalidade e Adoção na SBPSP. Autora dos livros: *A criança adotiva na psicoterapia psicanalítica, Adoção e Tornando--se pais: a adoção em todos os seus passos.* Também é organizadora de diversos livros sobre psicoterapia psicanalítica. Nos anos 1998, 2001, 2003 e 2009 teve trabalhos premiados no Congresso da Federação Brasileira de Psicanálise (Febrapsi).

Isabel Cristina Gomes é livre-docente e professora titular do Instituto de Psicologia da Universidade de São Paulo (IPUSP). Coordenadora do Laboratório de Casal e Família: Clínica e Estudos Psicossociais do Departamento de Psicologia Clínica do IPUSP. Membro da Associação Internacional de Psicanálise de Casal e Família (AIPCF) e membro da Diretoria e sócia fundadora da Associação Brasileira de Psicanálise de Casal e Família (ABPCF). Com várias publicações na área da psicanálise de casal e família e adoção.

Ivonise Fernandes da Motta é professora-doutora do Instituto de Psicologia da Universidade de São Paulo (IPUSP) e orientadora do curso de pós-graduação em Psicologia Clínica do IPUSP. Supervisora curso Especialização Psicoterapia Psicanalítica da Universidade Paulista (UNIP). Possui experiência na área de psicologia, com ênfase em psicanálise, atuando principalmente nos seguintes temas: psicanálise, Winnicott, diagnóstico, psicoterapia de crianças, adolescentes e adultos e tem como principal linha pesquisa a psicologia clínica. Coordenadora do Laboratório de Pesquisa sobre o Desenvolvimento Psíquico e a Criatividade (LAPECRI) do IPUSP.

Maria da Penha Oliveira Silva é psicóloga clínica e psicodramatista. Pós-graduada em psicologia da criança e do adolescente. Coordenadora de grupos. Consultora em processos de acolhimento institucional, adoção e apadrinhamento afetivo. Coordenadora do programa de formação Adoção e Apadrinhamento Afetivo da ONG Aconchego em parceria com o Conselho Nacional dos Direitos da Criança e do Adolescente (Conanda).

Maria Luiza de Assis Moura Ghirardi é psicóloga. Psicanalista pelo Instituto Sedes Sapientiae. Mestre pelo Instituto de Psicologia da Universidade de São Paulo (IPUSP). Membro fundador do Grupo Acesso: Estudos, Intervenção e Pesquisa sobre Adoção do ISS de São Paulo. Membro filiado ao Instituto Durval Marcondes da Sociedade Brasileira Psicanálise de São Paulo (SBPSP). Autora de *Devolução de crianças adotadas: um estudo psicanalítico* (Primavera, 2015) e coorganizadora de *Laços e rupturas: leituras psicanalíticas sobre adoção e o acolhimento institucional* (Escuta, 2016). Autora de vários artigos em livros e revistas científicas.

Marie Rose Moro é psicanalista, professora de psiquiatria de crianças e adolescentes na Universidade Paris Descartes. Chefe do Departamento Transcultural de Medicina e Psicopatologia do adolescente, Maison de Solenn, Maison des Adolescents de Cochin (Paris, França). Criou e é responsável pelas consultas transculturais para bebês, crianças e adolescentes e suas famílias no Hospital Avicenne (Bobigny) e no Hospital Cochin (Paris). Chefe da psiquiatria transcultural na Europa. Diretora da revista transcultural *L'autre: Cliniques, Cultures et Sociétés*. Presidente da

254 SOBRE OS AUTORES

Associação Internacional de Etnopsicanálise (AIEP). Escreveu muitos livros, artigos internacionais em inglês, francês, italiano, alemão e espanhol.

Ombline Ozoux-Teffaine é psicanalista membro da International Psychoanalytical Association, membro da Société Psychanalytique de Paris, membro do Instituto de Psicossomática de Paris, membro do Instituto de Psicossomática Mediterrâneo, membro da Sociedade Francesa de Terapia Familiar Psicanalítica, doutora em psicologia.

Rita Tropa Alves dos Santos Marques tem graduação em Psicologia Clínica pela Faculdade de Psicologia da Universidade de Lisboa. Estágio Curricular no 5º ano do Curso de Psicologia no Serviço de Psicologia da Unidade Básica de Saúde Familiar de Marvila (Lisboa). Mestrado em Psicologia na Área de Especialização em Psicologia Clínica na Faculdade de Psicologia da Universidade de Lisboa. Doutoranda no Programa de Pós-Graduação em Psicologia no Instituto de Psicologia da Universidade de São Paulo (IPUSP).

Saulo Araújo Cunha é graduado em Biologia e Psicologia. Obteve o título de mestre em Psicologia Clínica pela Pontifícia Universidade Católica de São Paulo (PUC-SP) com a defesa da dissertação *A história de uma criança abrigada: uma compreensão winnicottiana*. É membro do Instituto Brasileiro de Psicanálise Winnicottiana e participante do Grupo de Adoção e Parentalidade da Sociedade Brasileira de Psicanálise de São Paulo. Exerce atividade clínica, desenvolve atividades em serviços de acolhimento institucional e é consultor de programas de atendimento de crianças e adolescentes em situação de vulnerabilidade social.

Vinicius de Vicenzo Aguiar é consultor do Centro de Conhecimento da Associação de Amigos do Autista (AMA), professor convidado do curso de formação do Instituto Latino Americano de Psicanálise Contemporânea e psicólogo clínico atuando em consultório particular. Mestre em Psicologia Clínica pelo Instituto de Psicologia da Universidade de São Paulo (IPUSP), Graduação em Psicologia pela Universidade São Marcos e em Comunicação Social pela Escola Superior de Propaganda e Marketing (ESPM).

Yara Ishara é mestre em Psicologia Clínica pelo do Instituto de Psicologia da Universidade de São Paulo (IPUSP), sob a orientação do professor titular Gilberto Safra. Pós-graduada *lato sensu* pelo Instituto de Psiquiatria da Faculdade de Medicina da Universidade de São Paulo (IPq-HCFMUSP). Graduada em Psicologia pelo IPUSP. Coautora do projeto e corresponsável pela parceria institucional entre o IPUSP e a Coordenadoria da Infância e Juventude do Tribunal de Justiça do Estado de São Paulo (TJSP).

GRÁFICA PAYM
Tel. [11] 4392-3344
paym@graficapaym.com.br